AF567386

CHRISTEL KRUKKERT

KRIPPEN-FIGUREN

selber häkeln

Bassermann

ISBN 978-3-8094-4647-7

1. Auflage

Die Originalausgabe erschien auf Niederländisch unter dem Titel *Je eigen kerststal haken*.
www.forteuitgevers.nl

Fotos: Gerhard Witteveen fotografie, Apeldoorn
Illustrationen: Christel Krukkert, Hengelo

Projektleitung dieser Ausgabe: Dr. Iris Hahner
Umschlaggestaltung: Timo Wenda
Übersetzung: SAW Communications, Janine Malz
Producing: SAW Communications, Redaktionsbüro Dr. Sabine A. Werner, Klein-Winternheim
Herstellung: Franziska Polenz

Penguin Random House Verlagsgruppe FSC® N001967

Druck und Bindung: PBtisk a.s., Pribram

Printed in Czech Republic

Krippen haben mich immer schon fasziniert. Wenn ich an Weihnachten als Kind zurückdenke, erinnere ich mich vor allem an die Krippe meiner Oma. Die bestand aus herrlichen handbemalten Figuren. Ich erinnere mich auch an Details, wie den abgebrochenen – und später wieder sorgfältig angeklebten – Fuß des Jesuskinds und die etwas schief gemalten Augen von Maria. Daran sieht man mal wieder den besonderen Charme von echtem Handwerk. Gerade das nicht Perfekte macht es persönlich und einzigartig. Egal wie viele Menschen die Krippe aus diesem Buch häkeln werden, eines ist sicher: Keine wird der anderen gleichen. Und das ist das Schöne. Ich hoffe auch, dass nicht nur die Erschafferinnen der Krippenfiguren sich daran erfreuen werden, sondern auch alle Kinder und Erwachsenen, die sie bestaunen.

Viel Spaß beim Häkeln und Staunen!

Christel Krukkert

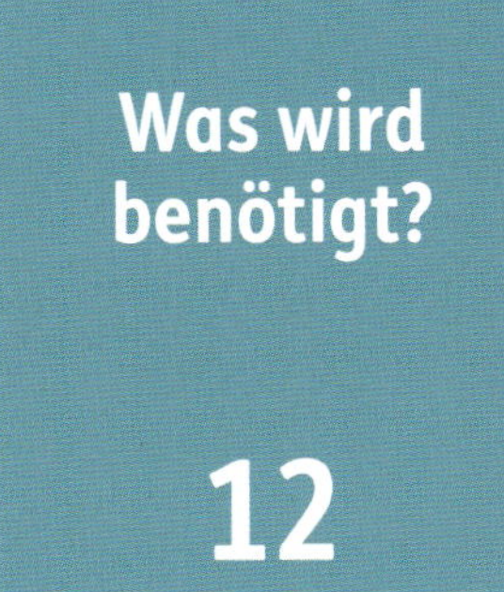

19

21

24

43

45

49

51

67

74

76

Tipps und Techniken

Abkürzungen
DStb = Doppelstäbchen
fM = feste Masche(n)
hStb = halbe(s) Stäbchen
Km = Kettmasche(n)
Lm = Luftmasche(n)
M = Masche(n)
Rd = Runde(n) / R = Reihe(n)
Stb = Stäbchen

Materialien

Alle Modelle in diesem Buch sind mit dem Baumwollgarn Scheepjes Stone Washed angefertigt worden, die jeweilige Farbnummer steht bei jedem Modell vermerkt. Aber natürlich sind auch andere Garne geeignet. Achten Sie darauf, eine Häkelnadel zu verwenden, die eine halbe Nummer kleiner ist, als auf der Banderole angegeben. So verhindern Sie, dass es später kleine Löcher gibt, durch die die Füllung sichtbar wird. Nur, wenn Sie grundsätzlich sehr fest häkeln, wählen Sie eine größere Nadel. Als Füllmaterial wird Füllwatte aus Polyesterfaser verwendet. Sie ist in jedem Bastel- und Handarbeitsgeschäft erhältlich und waschbar.

Der Beginn

Alle Figuren in diesem Büchlein sind zum größten Teil in Runden gehäkelt, daher beginnt die Arbeit mit einem Ring. Es gibt verschiedene Arten, ihn zu häkeln. Die einfachste besteht darin, mit zwei Luftmaschen zu beginnen und dann die richtige Anzahl fester Maschen in die 1. Luftmasche zu häkeln. Eine etwas anspruchsvollere, aber sehr schöne Methode ist das Häkeln eines magischen Rings. Beide Methoden werden hier vorgestellt.

Luftmaschen

Beginnen Sie mit einer Anfangsschlinge (Zeichnung 1 und 2). Holen Sie den Faden und ziehen Sie ihn durch die entstandene Schlinge (Zeichnung 3 und 4): Dies ist die 1. Luftmasche. Nun den Faden erneut holen und durch die 1. Schlinge ziehen. Wiederholen Sie dies, bis Sie die entsprechende Anzahl von Luftmaschen gehäkelt haben (Zeichnung 5). Um einen Luftmaschenring zu häkeln, arbeiten Sie zwei Luftmaschen. Danach häkeln Sie so viele feste Maschen, wie in der Anleitung angegeben, in die 1. Luftmasche. Schließen Sie den Kreis, indem Sie 1 Kettmasche in die 1. feste Masche häkeln.

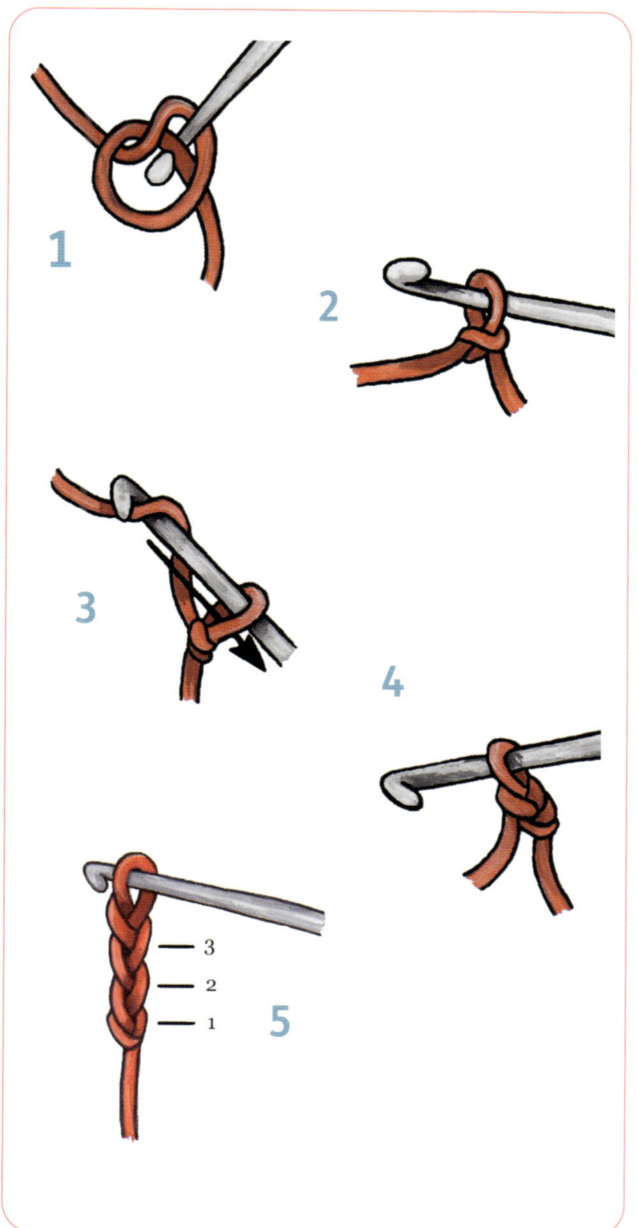

Der magische Ring

Arbeiten Sie eine Luftmasche, indem Sie das kurze Ende des Fadens hinter den langen Faden, der am Knäuel festsitzt, legen (Zeichnung 6). Holen Sie den Faden durch die entstandene Schlinge (Zeichnung 7). Holen Sie den Faden noch einmal und ziehen Sie ihn durch die Schlinge, die Sie nun auf der Nadel haben (Zeichnung 8). Nun können Sie damit beginnen, feste Maschen in den Ring zu häkeln. Wenn Sie die richtige Anzahl von festen Maschen gehäkelt haben, ziehen Sie am Fadenende, bis Sie einen dichten Kreis von festen Maschen haben. Schließen Sie den Kreis, indem Sie 1 Kettmasche in die 1. feste Masche häkeln.

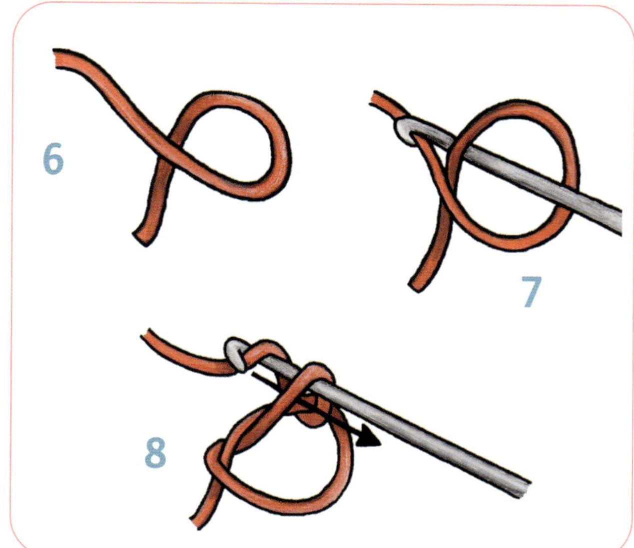

Feste Maschen

Stechen Sie die Häkelnadel in die folgende Masche. Holen Sie den Faden durch die Masche (es liegen 2 Schlingen auf der Nadel). Holen Sie den Faden erneut und ziehen Sie ihn durch die beiden Schlingen auf der Nadel (Zeichnung 9).

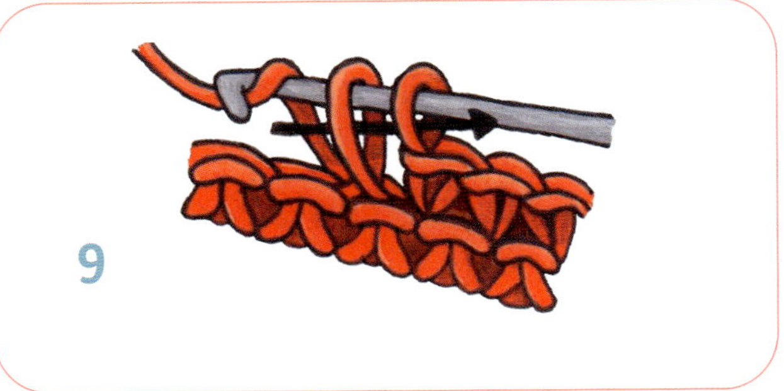

Feste Maschen zunehmen

Um 1 Masche zuzunehmen, häkeln Sie 2 feste Maschen in 1 Masche der vorherigen Runde (Zeichnung 10 und 11).

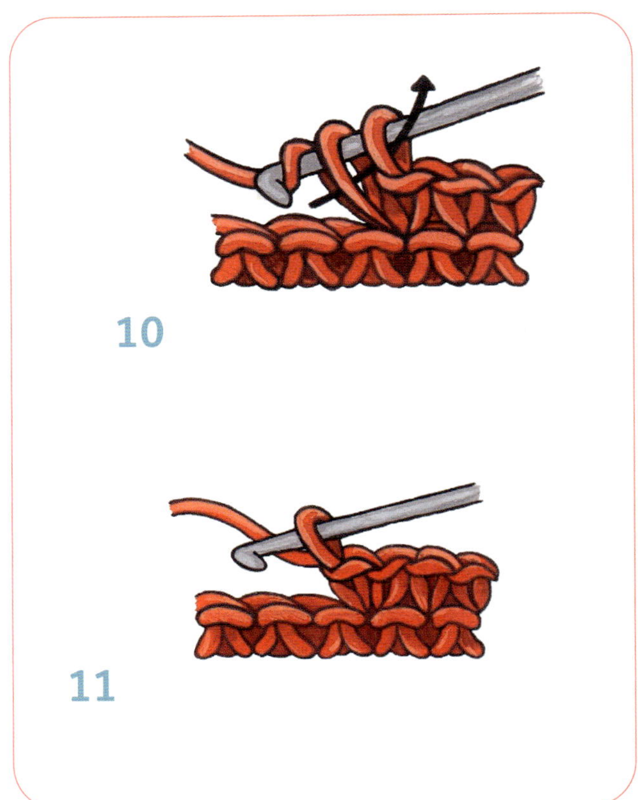

Feste Maschen zusammenhäkeln

Um 1 Masche abzunehmen, häkeln Sie 2 feste Maschen wie folgt zusammen: Stechen Sie die Nadel in die nächste Masche, holen Sie den Faden und ziehen ihn durch die Masche (2 Schlingen auf der Nadel). Stechen Sie die Nadel in die folgende Masche, holen Sie den Faden und ziehen Sie ihn durch. Es liegen nun 3 Schlingen auf der Nadel. Nun den Faden erneut holen und durch alle 3 Schlingen ziehen (Zeichnung 12 und 13).

Stäbchen

Legen Sie den Faden mit einem Umschlag um die Nadel und stechen Sie die Nadel in die folgende Masche (Zeichnung 14). Holen Sie den Faden und ziehen Sie ihn durch die Masche auf die Nadel. Sie haben nun 3 Schlingen auf der Nadel. Holen Sie den Faden und ziehen Sie den Faden durch die ersten 2 Schlingen auf der Nadel (Zeichnung 15). Holen Sie den Faden noch einmal und ziehen Sie ihn durch die letzten 2 Schlingen auf der Nadel (Zeichnung 16).

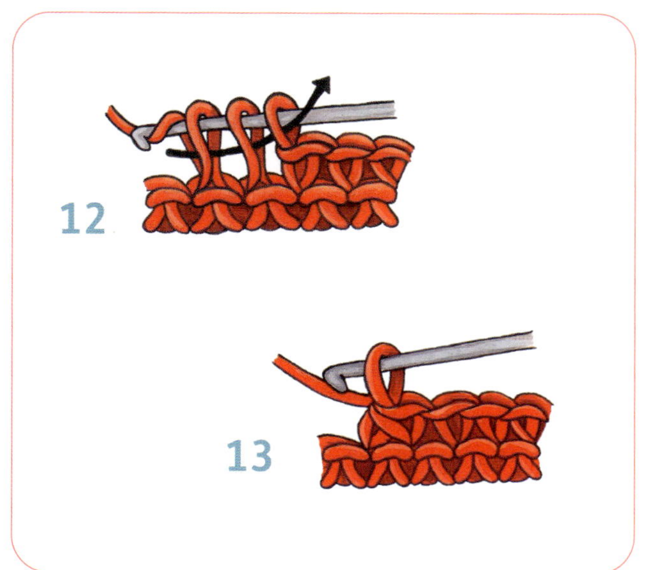

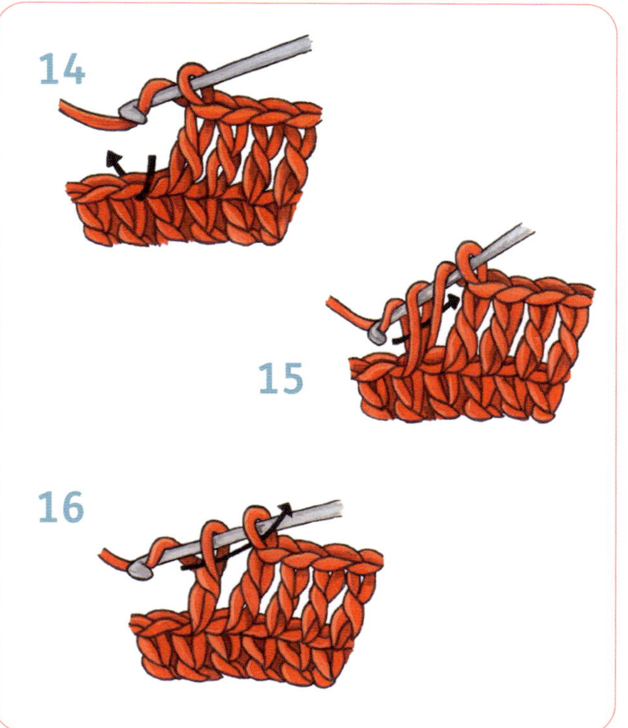

Halbe Stäbchen

Legen Sie den Faden mit einem Umschlag um die Nadel und stechen Sie die Nadel in die folgende Masche ein. Holen Sie den Faden durch die Masche auf die Nadel. Sie haben nun 3 Schlingen auf der Nadel. Holen Sie den Faden und ziehen Sie ihn durch die 3 Schlingen auf der Nadel.

Doppelte Stäbchen

Nehmen Sie 2 Umschläge auf die Nadel und stechen Sie die Nadel in die folgende Masche ein. Holen Sie den Faden durch die Masche auf die Nadel. Sie haben nun 4 Schlingen auf der Nadel. * Holen Sie den Faden und ziehen Sie ihn durch die ersten 2 Schlingen auf der Nadel. Wiederholen Sie dies ab * noch 2-mal.

Die Farbe wechseln

Wenn Sie die Farbe wechseln möchten, häkeln Sie die Masche vor dem Farbwechsel, bis noch 2 Schlingen auf der Nadel liegen. Schneiden Sie die erste Farbe ab und ziehen Sie den Faden der neuen Farbe durch diese beide Schlingen. Häkeln Sie dann die nächste Masche komplett mit der neuen Farbe.

Beenden, ausstopfen und die Öffnung schließen

Um die Häkelarbeit zu beenden und den Faden zu sichern, schneiden Sie den Faden mit ca. 10 cm Länge ab. Ziehen Sie den Faden fest durch die letzte Schlinge. Die losen Enden an der Innenseite Ihrer Arbeit können Sie einfach dort belassen. Stopfen Sie Ihre gehäkelten Teile fest und gleichmäßig mit Füllwatte aus. Für kleine Teile können Sie die Rückseite eines Bleistifts zuhilfe nehmen. Um Öffnungen zu schließen, fädeln Sie den abgetrennten Faden in eine Stopfnadel. Führen Sie ihn durch die letzten Maschen und ziehen Sie damit die Öffnung zu. Vernähen Sie den Faden quer durch die Arbeit, sodass er gut in der Füllung befestigt ist. Schneiden Sie den überstehenden Faden ab.

Was wird benötigt?

Auf dieser Seite finden Sie eine Liste aller Materialien, die für die komplette Krippe verwendet wurden. Sie können natürlich Scheepjes Stone Washed durch ein Garn Ihrer Wahl ersetzen und andere Farben wählen.

Scheepjes Stone Washed

- ca. 170 g in Braun (Brown Agate, Fb 822)
- ca. 140 g in Weiß (Moon Stone, Fb 801)
- ca. 130 g in Rosa (Rose Quartz, Fb 820)
- ca. 120 g in Hellbraun (Boulder Opal, Fb 804)
- ca. 100 g in Ocker (Yellow Jasper, Fb 809)
- ca. 75 g in Dunkelbraun (Obsidian, Fb 829)
- ca. 50 g in Grau (Smokey Quartz, Fb 802)
- ca. 50 g in Hellgrün (Canada Jade, Fb 806)
- ca. 45 g in Orange (Coral, Fb 816)
- ca. 40 g in Blau (Turquoise, Fb 824)
- ca. 40 g in Lila (Deep Amethyst, Fb 811)
- ca. 30 g in Gelb (Beryl, Fb 833)
- ca. 30 g in Rot (Carnelian, Fb 823)
- ca. 25 g in Dunkelblau (Blue Apatite, Fb 805)
- ca. 20 g in Schwarz (Black Onyx, Fb 803)
- ca. 20 g in Pink (Tourmaline, Fb 836)
- ca. 15 g in Grün (Malachite, Fb 825)
- ca. 15 g in Gelb (Beryl, Fb 833)
- ca. 10 g in Hellgrau (Crystal Quartz, Fb 814)
- ca. 5 g in Hellblau (Larimar, Fb 828)
- ca. 5 g in Beige (Axinite, Fb 831)
- 13 Paar Sicherheitsaugen in Schwarz, 9 mm
- 4 Paar Sicherheitsaugen in Schwarz, 6 mm
- 4 Holzspieße
- ein Stück Pappe
- Füllwatte
- Häkelnadel 3 mm
- Stopfnadel
- Reihenmarkierungsringe (bei Bedarf)

Tipp: Die Figuren werden weitgehend in Spiralrunden gehäkelt. Zur besseren Orientierung ist es empfehlenswert, nach jeder Runde einen Reihenmarkierer zu setzen bzw. diesen von Runde zu Runde zu versetzen.

Die Grundfigur

Die Menschenfiguren in der Krippe basieren alle auf derselben Grundfigur. Das Modell dafür finden Sie unten stehend. Die verwendeten Farben und etwaige Anpassungen finden Sie in der Anleitung zur jeweiligen Figur. Zur besseren Orientierung können Sie nach jeder Runde einen Reihenmarkierungsring setzen.

Kopf und Körper

Beginnen Sie den Körper von unten. Häkeln Sie 2 Lm oder beginnen Sie mit einem magischen Ring.

Rd 1: 6 fM in die 1. Lm oder in den magischen Ring, 1 Km in die 1. fM (= 6 fM)

Rd 2: 2 fM in jede fM (= 12 fM)

Rd 3: 2 fM in jede 2. fM (= 18 fM)

Rd 4: 6 × (1 fM, 2 fM in die folgende fM, 1 fM) (= 24 fM)

Rd 5: 2 fM in jede 4. fM (= 30 fM)

Rd 6: 6 × (2 fM, 2 fM in die folgende fM, 2 fM) (= 36 fM)

Rd 7: 2 fM in jede 6. fM (= 42 fM)

Rd 8: 6 × (3 fM, 2 fM in die folgende fM, 3 fM) (= 48 fM)

Ziehen Sie den Umriss des gehäkelten Kreises auf einem Stück Pappe nach und schneiden Sie ihn aus.

Rd 9: 48 fM, aber nur in die hinteren M-Glieder

Rd 10: 6 × (3 fM, 2 fM zusammenhäkeln, 3 fM) (= 42 fM)

Rd 11–14: 42 fM

Legen Sie die Pappe auf den Boden.

Rd 15: Häkeln Sie jede 6. und 7. fM zusammen (= 36 fM)

Rd 16–19: 36 fM

Rd 20: 6 × (2 fM, 2 fM zusammenhäkeln, 2 fM) (= 30 fM)

Rd 21–24: 30 fM Rd 25: Häkeln Sie jede 4. und 5. fM zusammen (= 24 fM)

Rd 26–29: 24 fM

Rd 30: 6 × (1 fM, 2 fM zusammenhäkeln, 1 fM) (= 18 fM)

Stopfen Sie den Körper aus.

Rd 31: Häkeln Sie jede 2. und 3. fM zusammen (= 12 fM)

Rd 32: 2 fM in jede fM (= 24 fM)

Rd 33: 2 fM in jede 4. fM (= 30 fM)

Rd 34: 6 × (2 fM, 2 fM in die folgende fM, 2 fM) (= 36 fM)

Rd 35: 36 fM

Rd 36: 2 fM in jede 6. fM (= 42 fM)

Rd 37–43: 42 fM

Rd 44: Häkeln Sie jede 6. und 7. fM zusammen (= 36 fM)

Rd 45: 36 fM

Befestigen Sie die Sicherheitsaugen zwischen Rd 39 und 40 mit 10 M Abstand.

Rd 46: 6 × (2 fM, 2 fM zusammenhäkeln, 2 fM) (= 30 fM)

Rd 47: Häkeln Sie jede 4. und 5. fM zusammen (= 24 fM)

Rd 48: 6 × (1 fM, 2 fM zusammenhäkeln, 1 fM) (= 18 fM)

Stopfen Sie den Kopf aus.

Rd 49: Häkeln Sie jede 2. und 3. fM zusammen (= 12 fM)

Rd 50: 6 × (2 fM zusammenhäkeln) (= 6 fM)

Sichern Sie den Faden. Fädeln Sie den Faden durch die restlichen 6 M und ziehen Sie ihn fest.

Vernähen Sie den Faden. Sticken Sie mit Hellrosa die Nase zwischen Rd 38 und Rd 39.

Rechter Arm

Häkeln Sie 2 Lm oder beginnen Sie mit einem magischen Ring.

Rd 1: 6 fM in die 1. Lm oder in den magischen Ring, 1 Km in die 1. fM (= 6 fM)

Rd 2: 2 fM in jede fM (= 12 fM)

Rd 3: 2 fM in jede 4. fM (= 15 fM)

Rd 4: 15 fM

Rd 5: Häkeln Sie für den Daumen wie folgt eine Noppe: Häkeln Sie 5 Stb in dieselbe M, aber lassen Sie jeweils das letzte Abmaschen weg. Sie haben nun 6 Schlingen auf der Nadel. Holen Sie den Faden und ziehen Sie ihn durch alle 6 Schlingen, 14 fM (= 15 fM)

Rd 6: 15 fM

Rd 7: Häkeln Sie jede 4. und 5. fM zusammen (= 12 fM)

Rd 8–10: 12 fM

Stopfen Sie die Hand aus.

Rd 11: 12 fM

Rd 12: 12 fM, aber nur in die hinteren M-Glieder

Rd 13–17: 12 fM

Rd 18: 4 fM, stopfen Sie den Arm weiter aus, Legen Sie die Häkelarbeit doppelt und häkeln Sie die Ränder mit 5 fM zusammen. Sichern Sie den Faden.

Ärmelbündchen

Schlingen Sie den Faden am ersten übriggebliebenen M-Glied von Rd 12 an. Halten Sie dabei die Hand von sich weg.

Rd 1: Häkeln Sie 12 fM in die M-Glieder

Rd 2: 2 fM in jede 2. fM (= 18 fM)

Rd 3–5: 18 fM

Enden Sie mit einer Km in die 1. fM der Rd. und sichern Sie den Faden. Vernähen Sie die Fäden.

Linker Arm

Häkeln Sie wie beim rechten Arm bis Rd 4.

Rd 5: 7 fM, 1 Noppe mit 5 Stb, 7 fM (= 15 fM)

Häkeln Sie weiter wie beim rechten Arm ab Rd 6. Vernähen Sie die Fäden.

Nähen Sie die Arme seitlich zwischen Kopf und Körper fest.

Maria

Was wird benötigt??

- ca. 25 g in Dunkelblau (Fb 805)
- ca. 15 g in Rosa (Fb 820)
- ca. 20 g in Pink (Fb 836)
- Rest in Hellblau (Fb 828)
- 2 Sicherheitsaugen in Schwarz, 9 mm
- Stück Pappe
- Füllwatte
- Häkelnadel 3 mm
- Stopfnadel

Kopf und Körper

Häkeln Sie Kopf und Körper wie bei der Grundfigur.

Rd 1–31 mit Blau.

Rd 32–50 mit Rosa.

Sticken Sie nach Wunsch mit Hellblau eine gestrichelte Reihe zwischen Rd 9 und Rd 10.

Arme

Häkeln Sie die Arme wie bei der Grundfigur.

Rd 1–10 mit Rosa.

Rd 11–18 mit Blau.

Ärmelbündchen

Häkeln Sie diese wie bei der Grundfigur.

Rd 1–5 mit Blau.

Nähen Sie die Arme zu beiden Seiten des Körpers horizontal an, direkt unterhalb des Kopfs.

Kopftuch

Beginnen Sie das Kopftuch von oben. Häkeln Sie 2 Lm mit Pink oder beginnen Sie mit einem magischen Ring.

Rd 1: Häkeln Sie 6 fM in die 1. Lm oder in den magischen Ring, 1 Km in die 1. fM (= 6 fM)

Rd 2: 2 fM in jede fM (= 12 fM)

Rd 3: 2 fM in jede 2. fM (= 18 fM)

Rd 4: 6 × (1 fM, 2 fM in die folgende fM, 1 fM) (= 24 fM)

Rd 5: 2 fM in jede 4. fM (= 30 fM)

Rd 6: 6 × (2 fM, 2 fM in die folgende fM, 2 fM) (= 36 fM)

Rd 7: 36 fM

Rd 8: 2 fM in jede 6. fM (= 42 fM)

Rd 9–11: 42 fM

Rd 12: 1 Lm, Arbeit wenden, 26 fM

Von hier an wird in Hin- und Rückreihen gehäkelt. Häkeln Sie nach jeder R eine Wende-Lm und wenden Sie die Arbeit. Die Zählung wird ab hier in R fortgesetzt.

R 13–26: 26 fM

R 27: 2 fM zusammenhäkeln, 22 fM, 2 fM zusammenhäkeln(= 24 fM)

R 28 + 29: 24 fM

R 30: 2 fM zusammenhäkeln, 20 fM, 2 fM zusammenhäkeln (= 22 fM)

R 31 + 32: 22 fM

R 33: 2 fM zusammenhäkeln, 18 fM, 2 fM zusammenhäkeln (= 20 fM)

R 34 + 35: 20 fM

R 36: 2 fM zusammenhäkeln, 16 fM, 2 fM zusammenhäkeln (= 18 fM)

R 37 + 38: 18 fM

R 39: 2 fM zusammenhäkeln, 14 fM, 2 fM zusammenhäkeln (= 16 fM)

R 40 + 41: 16 fM

R 42: 2 fM zusammenhäkeln, 12 fM, 2 fM zusammenhäkeln (= 14 fM)

Sichern Sie den Faden. Schlingen Sie den hellblauen Faden an der 1. fM der Unterseite an und häkeln Sie wie folgt eine Reihe fester Maschen am Kopftuch entlang: 13 fM entlang der Unterseite, 3 fM in die Ecke, 30 fM entlang der Seite, 16 fM in die fM der Vorderseite, 30 fM entlang der Seite, 3 fM in die Ecke. Enden Sie mit einer Km in die 1. fM und sichern Sie den Faden. Vernähen Sie die Fäden und nähen Sie das Kopftuch auf dem Kopf fest.

Josef

Was wird benötigt?

- ca. 40 g in Hellbraun (Fb 804)
- ca. 15 g in Rosa (Fb 820)
- Rest in Braun (Fb 822)
- Rest in Dunkelbraun (Fb 829)
- 2 Sicherheitsaugen in Schwarz, 9 mm
- Stück Pappe
- Holzspieß
- Füllwatte
- Häkelnadel 3 mm
- Stopfnadel

Kopf und Körper

Häkeln Sie Kopf und Körper wie bei der Grundfigur.

Rd 1–31 mit Hellbraun.

Rd 32–50 mit Rosa.

Arme

Häkeln Sie die Arme wie bei der Grundfigur.

Rd 1–10 mit Rosa.

Rd 11–18 mit Hellbraun.

Ärmelbündchen

Häkeln Sie diese wie bei der Grundfigur.

Rd 1–5 mit Hellbraun.

Nähen Sie den rechten Arm horizontal und den linken Arm vertikal an den Körper.

Kopftuch

Beginnen Sie das Kopftuch von oben. Häkeln Sie 2 Lm mit Hellbraun oder beginnen Sie mit einem magischen Ring.

Rd 1: 6 fM in die 1. Lm oder in den magischen Ring, 1 Km in die 1. fM (= 6 fM)

Rd 2: 2 fM in jede fM (= 12 fM)

Rd 3: 2 fM in jede 2. fM (= 18 fM)

Rd 4: 6 × (1 fM, 2 fM in die folgende fM, 1 fM) (= 24 fM)

Rd 5: 2 fM in jede 4. fM (= 30 fM)

Rd 6: 6 × (2 fM, 2 fM in die folgende fM, 2 fM) (= 36 fM)

Rd 7: 36 fM

Rd 8: 2 fM in jede 6. fM (= 42 fM)

Rd 9–11: 42 fM

Rd 12: 1 Lm, Arbeit wenden, 26 fM

Von hier an wird in Hin- und Rückreihen gehäkelt. Häkeln Sie nach jeder R eine Wende-Lm und wenden Sie die Arbeit. Die Zählung wird ab hier in R fortgesetzt.

R 13–23: 26 fM

R 24: 2 fM zusammenhäkeln, 22 fM, 2 fM zusammenhäkeln (= 24 fM)

R 25: 24 fM

R 26: 2 fM zusammenhäkeln, 20 fM, 2 fM zusammenhäkeln (= 22 fM)

R 27: 22 fM

R 28: 2 fM zusammenhäkeln, 18 fM, 2 fM zusammenhäkeln (= 20 fM)

Rd 29: 20 fM

Rd 30: 2 fM zusammenhäkeln, 16 fM, 2 fM zusammenhäkeln (= 18 fM)

Rd 31: 18 fM

Rd 32: 2 fM zusammenhäkeln, 14 fM, 2 fM zusammenhäkeln (= 16 fM)

Rd 33: 16 fM

R 34: 2 fM zusammenhäkeln, 12 fM, 2 fM zusammenhäkeln (= 14 fM)

R 35: 14 fM

R 36: 2 fM zusammenhäkeln, 10 fM, 2 fM zusammenhäkeln (= 12 fM)

Sichern Sie den Faden. Schlingen Sie den braunen Faden an der 1. fM der Unterseite an und häkeln Sie wie folgt eine Reihe fester Maschen am Kopftuch entlang: 11 in die fM der Unterseite, 3 in die letzte fM, 26 fM entlang der Seite, 16 fM in die fM der Vorderseite, 26 fM entlang der Seite. Enden Sie mit einer Km in die 1. fM und sichern Sie den Faden.

Vernähen Sie die Fäden und nähen Sie das Kopftuch auf dem Kopf fest.

Bart

Häkeln Sie mit Dunkelbraun eine Kette aus 15 Lm.

R 1: 7 × (2 fM in die folgende fM, 1 fM) (= 21 fM)

R 2 + 3: 1 Lm, Arbeit wenden, 21 fM

Sichern Sie den Faden. Nähen Sie den Bart am Gesicht an und vernähen Sie die Fäden.

Stab

Häkeln Sie mit Dunkelbraun eine Kette aus 33 Lm.

R 1: 32 fM

R 2 + 3: 1 Lm, Arbeit wenden, 32 fM

R 4: Legen Sie die Häkelarbeit der Länge nach doppelt, 1 Lm, Arbeit wenden, häkeln Sie die fM mit den Luftmaschen mit 32 Km zusammen (siehe Foto)
Kürzen Sie den Holzspieß auf die richtige Länge und schieben Sie diesen in den Stab. Nähen Sie den Stab an der Unterseite und Oberseite an. Nähen Sie den Stab an der linken Hand von Josef an.

Jesus in der Krippe

Was wird benötigt?
- ca. 30 g in Dunkelbraun (Fb 829)
- ca. 10 g in Rosa (Fb 820)
- ca. 10 g in Weiß (Fb 801)
- Rest in Gelb (Fb 833)
- Rest in Ocker (Fb 809)
- Füllwatte
- Häkelnadel 3 mm
- Stopfnadel

Kopf und Körper

Beginnen Sie mit dem Körper von unten.

Häkeln Sie 2 Lm mit Rosa oder beginnen Sie mit einem magischen Ring.

Rd 1: Häkeln Sie 6 fM in die 1. Lm oder in den magischen Ring, 1 Km in die 1. fM (= 6 fM)

Rd 2: 2 fM in jede fM (= 12 fM)

Rd 3: 12 fM

Rd 4: 2 fM in jede 4. fM (= 15 fM)

Rd 5–11: 15 fM

Rd 12: Häkeln Sie jede 4. und 5. fM zusammen (= 12 fM)

Stopfen Sie den Körper aus.

Rd 13: Häkeln Sie 6 × 2 fM zusammen (= 6 fM)

Rd 14: 2 fM in jede fM (= 12 fM)

Rd 15: 2 fM in jede 2. fM (= 18 fM)

Rd 16: 6 × (1 fM, 2 fM in die folgende fM, 1 fM) (= 24 fM)

Rd 17–20: 24 fM

Rd 21: 6 × (1 fM, 2 fM zusammenhäkeln, 1 fM) (= 18 fM)

Rd 22: 18 fM

Stopfen Sie den Kopf aus.

Rd 23: Häkeln Sie jede 2. und 3. fM zusammen (= 12 fM)

Rd 24: 6 × (2 fM zusammenhäkeln) (= 6 fM)

Sichern Sie den Faden. Fädeln Sie den Faden durch die restlichen 6 M und ziehen Sie ihn fest.

Vernähen Sie den Faden.

Tuch

Häkeln Sie mit Weiß eine Kette aus 17 Lm.

Rd 1: 15 fM, 3 fM in die letzte Lm, fahren Sie fort an der anderen Seite der Lm-Kette; 15 fM, 3 fM in die letzte Lm (= 36 fM) (siehe Foto links)

Rd 2: 15 fM, 3 × (2 fM in die folgende fM), 15 fM, 3 × (2 fM in die folgende fM) (= 42 fM)

Rd 3: 15 fM, 3 × (1 fM, 2 fM in die folgende fM), 15 fM, 3 × (1 fM, 2 fM in die folgende fM) (= 48 fM)

Rd 4–8: 48 fM

Rd 9: 10 fM, lassen Sie die restlichen M unbearbeitet

R 10: 1 Lm, Arbeit wenden, 2 fM zusammenhäkeln, 9 fM (= 10 fM)

R 11: 1 Lm, Arbeit wenden, 10 fM

R 12: 1 Lm, Arbeit wenden, 2 fM zusammenhäkeln, 8 fM (= 9 fM)

R 13–16: 1 Lm, Arbeit wenden, 9 fM

Sichern Sie den Faden. Schlingen Sie den weißen Faden an der 5. fM an, neben dem ersten Umschlag des Tuchs an der Unterseite (siehe Foto rechts).

R 1: 13 fM

R 2: 1 Lm, Arbeit wenden, 2 fM zusammenhäkeln, 11 fM (= 12 fM)

R 3: 1 Lm, Arbeit wenden, 10 fM, 2 fM zusammenhäkeln (= 11 fM)

R 4: 1 Lm, Arbeit wenden, 2 fM zusammenhäkeln, 9 fM (= 10 fM)

R 5: 1 Lm, Arbeit wenden, 8 fM, 2 fM zusammenhäkeln (= 9 fM)

R 6: 1 Lm, Arbeit wenden, 2 fM zusammenhäkeln, 7 fM (= 8 fM)

R 7: 1 Lm, Arbeit wenden, 6 fM, 2 fM zusammenhäkeln (= 7 fM)

R 8: 1 Lm, Arbeit wenden, 2 fM zusammenhäkeln, 5 fM (= 6 fM)

R 9: 1 Lm, Arbeit wenden, 4 fM, 2 fM zusammenhäkeln (= 5 fM)

R 10: 1 Lm, Arbeit wenden, 2 fM zusammenhäkeln, 3 fM (= 4 fM)

Sichern Sie den Faden. Wickeln Sie Jesus ins Tuch und nähen Sie das Tuch am zuletzt gehäkelten Umschlag an der Oberseite zusammen. Sticken Sie mit Dunkelbraun die Augen zwischen Rd 18 und Rd 19 mit drei M Abstand. Sticken Sie mit Ocker ein paar Haare auf den Kopf, vom Tuch schräg nach unten.

Krippe

Häkeln Sie mit Braun eine Kette aus 17 Lm.

Rd 1: 15 fM, 3 fM in die letzte Lm, fahren Sie fort an der anderen Seite der Lm-Kette; 15 fM, 3 fM in die letzte Lm (= 36 fM)

Rd 2: 15 fM, 3 × (2 fM in die folgende fM), 15 fM, 3 × (2 fM in die folgende fM) (= 42 fM)

Rd 3: 15 fM, 3 × (1 fM, 2 fM in die folgende fM), 15 fM, 3 × (1 fM, 2 fM in die folgende fM) (= 48 fM)

Rd 4: 15 fM, 3 × (2 fM, 2 fM in die folgende fM), 15 fM, 3 × (2 fM, 2 fM in die folgende fM) (= 54 fM)

Rd 5: 15 fM, 3 × (3 fM, 2 fM in die folgende fM), 15 fM, 3 × (3 fM, 2 fM in die folgende fM) (= 60 fM)

Rd 6: 15 fM, 3 × (4 fM, 2 fM in die folgende fM), 15 fM, 3 × (4 fM, 2 fM in die folgende fM) (= 66 fM)

Rd 7: 66 fM, aber nur in die hinteren M-Glieder

Rd 8: 66 fM

Rd 9: 15 fM, 3 × (5 fM, 2 fM in die folgende fM), 15 fM, 3 × (5 fM, 2 fM in die folgende fM) (= 72 fM)

Rd 10 + 11: 72 fM

Rd 12 + 13: 72 fM, aber nur in die hinteren M-Glieder

Rd 14 + 15: 72 fM

Rd 16: 15 fM, 3 × (5 fM, 2 fM zusammenhäkeln, 15 fM, 3 × (5 fM, 2 fM zusammenhäkeln) (= 66 fM)

Rd 17: 66 fM

Rd 18: 15 fM, 3 × (4 fM, 2 fM zusammenhäkeln, 15 fM, 3 × (4 fM, 2 fM zusammenhäkeln) (= 60 fM)

Rd 19: 15 fM, 3 × (3 fM, 2 fM zusammenhäkeln, 15 fM, 3 × (3 fM, 2 fM zusammenhäkeln) (= 54 fM)

Rd 20: 15 fM, 3 × (2 fM, 2 fM zusammenhäkeln, 15 fM, 3 × (2 fM, 2 fM zusammenhäkeln) (= 48 fM)

Rd 21: 15 fM, 3 × (1 fM, 2 fM zusammenhäkeln, 15 fM, 3 × (1 fM, 2 fM zusammenhäkeln) (= 42 fM)

Rd 22: 15 fM, 3 × (2 fM zusammenhäkeln), 15 fM, 3 × (2 fM zusammenhäkeln) (= 36 fM)

Rd 23: Legen Sie die Häkelarbeit doppelt und häkeln Sie die fM mit 17 Km zusammen.

Sichern Sie den Faden. Vernähen Sie den Faden. Klappen Sie die Häkelarbeit auf Höhe von Rd 12 und Rd 13 nach innen.

Füße

Häkeln Sie 2 Lm mit Braun oder beginnen Sie mit einem magischen Ring.

Rd 1: Häkeln Sie 6 fM in die 1. Lm oder in den magischen Ring, 1 Km in die 1. fM (= 6 fM)

Rd 2: 2 fM in jede fM (= 12 fM)

Rd 3 + 4: 12 fM

Rd 5: 8 fM, lassen Sie die restlichen M unbearbeitet

R 6: 1 Lm, Arbeit wenden, 2 fM zusammenhäkeln, 4 fM, 2 fM zusammenhäkeln (= 6 fM)

R 7: 1 Lm, Arbeit wenden, 2 fM zusammenhäkeln, 2 fM, 2 fM zusammenhäkeln (= 4 fM)

R 8: 1 Lm, Arbeit wenden, 2 × (2 fM zusammenhäkeln) (= 2 fM)

Sichern Sie den Faden. Häkeln Sie noch drei Füße. Stopfen Sie die Füße aus und nähen Sie diese unter der Krippe fest.

Stroh

Schneiden Sie 20 gelbe und 20 ockerfarbige Fäden von ca. 15 cm Länge ab. Befestigen Sie die Fäden an der letzten gehäkelten Runde der Krippe. Stutzen Sie die Fäden auf ungleiche Länge zurecht. Legen Sie Jesus in die Krippe.

Esel

Was wird benötigt??

- ca. 30 g in Grau (Fb 802)
- Rest in Weiß (Fb 801)
- Rest in Schwarz (Fb 803)
- 2 Sicherheitsaugen in Schwarz, 9 mm
- Füllwatte
- Häkelnadel 3 mm
- Stopfnadel

Körper

Beginnen Sie an der Rückseite des Körpers. Häkeln Sie 2 Lm mit Grau oder beginnen Sie mit einem magischen Ring.

Rd 1: Häkeln Sie 6 fM in die 1. Lm oder in den magischen Ring, 1 Km in die 1. fM (= 6 fM)

Rd 2: 2 fM in jede fM (= 12 fM)

Rd 3: 2 fM in jede 2. fM (= 18 fM)

Rd 4: 6 × (1 fM, 2 fM in die folgende fM, 1 fM) (= 24 fM)

Rd 5: 2 fM in jede 4. fM (= 30 fM)

Rd 6: 30 fM

Rd 7: 6 × (2 fM, 2 fM in die folgende fM, 2 fM) (= 36 fM)

Rd 8–12: 36 fM

Rd 13: 6 × (1 fM, 2 fM zusammenhäkeln), 18 fM (= 30 fM)

Rd 14–21: 30 fM

Rd 22: 1 hStb, 1 fM, 6 × (1 fM, 2 fM zusammenhäkeln), 1 fM, 9 hStb (= 24 fM)

Rd 23: 1 hStb, 1 fM, 13 fM, 9 hStb (= 24 fM)

Rd 24: 1 hStb, 1 fM, 6 × (2 fM zusammenhäkeln), 1 fM, 9 hStb (= 18 fM)

Rd 25–27: 2 fM, 6 Km, 2 fM, 8 hStb (= 18 fM)

Enden Sie mit 1 fM und 1 Km in die 1. fM der Rd. und sichern Sie den Faden. Stopfen Sie den Körper aus.

Augen

Häkeln Sie mit Weiß eine Kette aus 2 Lm oder beginnen Sie mit einem magischen Ring.

Rd 1: 6 fM in die 1. Lm oder in den magischen Ring, 1 Km in die 1. fM

Sichern Sie den Faden. Häkeln Sie noch ein Auge. Legen Sie beide Augen beiseite.

Kopf

Beginnen Sie an der Vorderseite des Kopfes.
Häkeln Sie 2 Lm mit Weiß oder beginnen Sie mit einem magischen Ring.

Rd 1: Häkeln Sie 6 fM in die 1. Lm oder in den magischen Ring, 1 Km in die 1. fM (= 6 fM)

Rd 2: 2 fM in jede fM (= 12 fM)

Rd 3: 3 × (2 fM in die folgende fM), 3 fM, 3 × (2 fM in die folgende fM), 3 fM (= 18 fM)

Rd 4: 18 fM

Rd 5: 3 × (1 fM, 2 fM in die folgende fM), 3 fM, 3 × (1 fM, 2 fM in die folgende fM), 3 fM (= 24 fM)

Rd 6 + 7: 24 fM

Fahren Sie mit Grau fort.

Rd 8 + 9: 24 fM

Rd 10: 2 fM in jede 4. fM (= 30 fM)

Rd 11 + 12: 30 fM

Rd 13: 6 × (2 fM, 2 fM in die folgende fM, 2 fM) (= 36 fM)

Rd 14–19: 36 fM

Befestigen Sie die Sicherheitsaugen zusammen mit den Augenrändern zwischen Rd 11 und Rd 13 mit einem Abstand von 9 M.

Rd 20: 6 × (2 fM, 2 fM zusammenhäkeln, 2 fM) (= 30 fM)

Rd 21: 30 fM

Rd 22: Häkeln Sie jede 4. und 5. fM zusammen (= 24 fM)

Rd 23: 6 × (1 fM, 2 fM zusammenhäkeln, 1 fM) (= 18 fM)

Stopfen Sie den Kopf aus.

Rd 24: Häkeln Sie jede 2. und 3. fM zusammen (= 12 fM)

Rd 25: 6 × (2 fM zusammenhäkeln) (= 6 fM)

Sichern Sie den Faden. Fädeln Sie den Faden durch die restlichen 6 M und ziehen Sie ihn fest.
Vernähen Sie den Faden. Nähen Sie den Kopf an den Körper.

Ohren

Häkeln Sie mit Weiß eine Kette aus 8 Lm.

Rd 1: 6 fM, 3 fM in die letzte fM, fahren Sie fort an der anderen Seite der Lm-Kette: 6 fM

Sichern Sie den Faden. Häkeln Sie dasselbe Teil nochmal in Grau, aber schneiden Sie den Faden nicht ab. Legen Sie beide Teile aufeinander und häkeln Sie sie wie folgt zusammen: 1 Lm, Arbeit wenden, 6 fM, 2 fM in die folgende fM, 1 fM, 2 fM in die folgende fM, 6 fM (siehe Foto).

Sichern Sie den Faden. Häkeln Sie noch ein Ohr und nähen Sie die Ohren an den Kopf auf Höhe von Rd 19 mit einem Abstand von 5 M.

Rechter Fuß

Beginnen Sie an der Unterseite des Fußes.

Häkeln Sie 2 Lm mit Schwarz oder beginnen Sie mit einem magischen Ring.

Rd 1: Häkeln Sie 6 fM in die 1. Lm oder in den magischen Ring, 1 Km in die 1. fM (= 6 fM)

Rd 2: 2 fM in jede fM (= 12 fM)

Rd 3: 2 fM in jede 2. fM (= 18 fM)

Rd 4: 18 fM, aber nur in die hinteren M-Glieder

Rd 5: 4 × (2 fM zusammenhäkeln), 3 fM, 4 × (2 fM in die folgende fM), 3 fM (= 18 fM)

Rd 6: 18 fM

Fahren Sie mit Grau fort.

Rd 7: Häkeln Sie jede 5. und 6. fM zusammen (= 15 fM)

Rd 8–14: 15 fM

Rd 15: 12 fM, lassen Sie die restlichen M unbearbeitet

R 16: 1 Lm, Arbeit wenden, 2 fM zusammenhäkeln, 4 fM, 2 fM zusammenhäkeln (= 6 fM)

R 17: 1 Lm, Arbeit wenden, 2 fM zusammenhäkeln, 2 fM, 2 fM zusammenhäkeln (= 4 fM)

R 18: 1 Lm, Arbeit wenden, 2 × (2 fM zusammenhäkeln) (= 2 fM)

Sichern Sie den Faden. Häkeln Sie noch einen rechten Fuß.

Linker Fuß

Häkeln Sie diesen wie den rechten Fuß bis Rd 4.

Rd 5: 4 × (2 fM in die folgende fM), 3 fM, 4 × (2 fM zusammenhäkeln), 3 fM (= 18 fM)

Häkeln Sie Rd 6–18 wie beim rechten Fuß. Häkeln Sie noch einen linken Fuß. Stopfen Sie die Füße aus und nähen Sie sie unten am Körper fest.

Schwanz

Schneiden Sie 9 schwarze Fäden von ca. 20 cm Länge ab. Befestigen Sie diese in drei Reihen à 3 Fäden auf Höhe von Rd 5, 6 und 7. Stutzen Sie diese auf ca. 7 cm zurecht.

Mähne

Schneiden Sie 32 schwarze Fäden von ca. 8 cm Länge ab. Befestigen Sie einen Faden direkt zwischen den Ohren auf Höhe von Rd 18 und einen Faden auf Höhe von Rd 19. Befestigen Sie die restlichen Fäden in einer Doppelreihe den Kopf hinunter. Stutzen Sie die Mähne auf ca. 1,5 cm zurecht.

Ochse

Was wird benötigt?
- ca. 30 g in Braun (Fb 822)
- Rest in Beige (Fb 831)
- Rest in Schwarz (Fb 803)
- 2 Sicherheitsaugen in Schwarz, 9 mm
- Füllwatte
- Häkelnadel 3 mm
- Stopfnadel

Körper

Beginnen Sie an der Rückseite des Körpers. Häkeln Sie 2 Lm mit Grau oder beginnen Sie mit einem magischen Ring.

Rd 1: Häkeln Sie 6 fM in die 1. Lm oder in den magischen Ring, 1 Km in die 1. fM (= 6 fM)

Rd 2: 2 fM in jede fM (= 12 fM)

Rd 3: 2 fM in jede 2. fM (= 18 fM)

Rd 4: 6 × (1 fM, 2 fM in die folgende fM, 1 fM) (= 24 fM)

Rd 5: 2 fM in jede 4. fM (= 30 fM)

Rd 6: 6 × (2 fM, 2 fM in die folgende fM, 2 fM) (= 36 fM)

Rd 7: 36 fM

Rd 8: 2 fM in jede 6. fM (= 42 fM)

Rd 9–15: 42 fM

Rd 16: Häkeln Sie jede 6. und 7. fM zusammen (= 36 fM)

Rd 17–19: 36 fM

Rd 20: 6 × (2 fM, 2 fM zusammenhäkeln, 2 fM)

Rd 21: 30 fM

Rd 22–25: 3 fM, 9 Stb, 6 fM, 9 Km, 3 fM (= 30 fM)

Rd 26: 2 fM, 2 fM zusammenhäkeln, 1 Stb, 2 Stb zusammenhäkeln, 1 Stb, 2 Stb zusammenhäkeln, 1 Stb, 2 fM zusammenhäkeln, 5 fM, 2 fM zusammenhäkeln, 5 fM, 2 fM zusammenhäkeln, 3 fM (= 24 fM)

Rd 27 + 28: 24 fM

Enden Sie mit einer Km in die 1. fM der Rd. und sichern Sie den Faden. Stopfen Sie den Körper aus.

Kopf

Beginnen Sie an der Vorderseite des Kopfes. Häkeln Sie 2 Lm mit Beige oder beginnen Sie mit einem magischen Ring.

Rd 1: Häkeln Sie 6 fM in die 1. Lm oder in den magischen Ring, 1 Km in die 1. fM (= 6 fM)
Rd 2: 2 fM in jede fM (= 12 fM)
Rd 3: 3 × (2 fM in die folgende fM), 3 fM, 3 × (2 fM in die folgende fM), 3 fM (= 18 fM)
Rd 4: 3 × (1 fM, 2 fM in die folgende fM), 3 fM, 3 × (1 fM, 2 fM in die folgende fM), 3 fM (= 24 fM)
Rd 5: 24 fM
Rd 6: 3 × (2 fM, 2 fM in die folgende fM), 3 fM, 3 × (2 fM, 2 fM in die folgende fM), 3 fM (= 30 fM)
Rd 7–10: 30 fM
Fahren Sie mit Braun fort.
Rd 11–13: 30 fM
Rd 14: 6 × (2 fM, 2 fM in die folgende fM, 2 fM) (= 36 fM)
Rd 15–20: 36 fM
Befestigen Sie die Sicherheitsaugen zwischen Rd 13 und Rd 14 mit einem Abstand von 8 M.
Rd 21: 6 × (2 fM, 2 fM zusammenhäkeln, 2 fM) (= 30 fM)
Rd 22: 30 fM
Rd 23: Häkeln Sie jede 4. und 5. fM zusammen (= 24 fM)
Rd 24: 6 × (1 fM, 2 fM zusammenhäkeln, 1 fM) (= 18 fM)
Stopfen Sie den Kopf aus.
Rd 25: Häkeln Sie jede 2. und 3. fM zusammen (= 12 fM)
Rd 26: Häkeln Sie 6 × je 2 fM zusammen (= 6 fM)

Sichern Sie den Faden. Fädeln Sie den Faden durch die restlichen 6 M und ziehen Sie ihn fest.
Vernähen Sie den Faden. Nähen Sie den Kopf an den Körper.

Ohren

Häkeln Sie mit Braun eine Kette aus 6 Lm.
Rd 1: 2 fM, 2 Stb, 5 Stb in die letzte Lm, fahren Sie fort an der anderen Seite der Lm-Kette: 2 Stb, 1 fM, 1 Km
Sichern Sie den Faden. Häkeln Sie noch ein Ohr und nähen Sie die Ohren an den Kopf auf Höhe von Rd 20 mit einem Abstand von 11 M.

Hörner

Häkeln Sie 2 Lm mit Beige oder beginnen Sie mit einem magischen Ring.

Rd 1: Häkeln Sie 6 fM in die 1. Lm oder in den magischen Ring, 1 Km in die 1. fM (= 6 fM)

Rd 2 + 3: 6 fM

Rd 4: 2 fM in jede 2. fM (= 9 fM)

Enden Sie mit einer Km in die 1. fM der Rd und sichern Sie den Faden. Häkeln Sie noch ein Horn. Stopfen Sie die Hörner aus und nähen Sie diese am Kopf zwischen den Ohren an.

Füße

Häkeln Sie diese wie beim Esel (Seite 31f.), aber verwenden Sie Braun statt Dunkelgrau.

Schwanz

Häkeln Sie mit Braun eine Kette aus 16 Lm.

R 1: 15 fM

Sichern Sie den Faden. Kürzen Sie die beiden Fadenenden auf ca. 1,5 cm Länge. Schneiden Sie einen braunen Faden von ca. 6 cm Länge ab und knoten Sie diesen zwischen den beiden Fadenenden am Schwanz fest. Stutzen Sie ihn auf dieselbe Länge zurecht. Fransen Sie die Fäden aus. Nähen Sie den Schwanz an das Hinterteil des Ochsen auf Höhe von Rd 6.

Engel mit Schalmei

Was wird benötigt??
- ca. 40 g in Weiß (Fb 801)
- ca. 15 g in Rosa (Fb 820)
- ca. 10 g in Ocker (Fb 809)
- Rest in Gelb (Fb 833)
- 2 Sicherheitsaugen in Schwarz, 9 mm
- Stück Pappe
- Füllwatte
- Häkelnadel 3 mm
- Stopfnadel

Kopf und Körper

Häkeln Sie Kopf und Körper wie bei der Grundfigur.

Rd 1–31 mit Weiß.

Rd 32–50 mit Rosa.

Sticken Sie mit Ocker zwei gestrichelte Reihen zwischen Rd 9 und Rd 10 sowie zwischen Rd 10 und Rd 11.

Arme

Häkeln Sie die Arme wie bei der Grundfigur.

Rd 1–10 mit Rosa.

Rd 11–18 mit Weiß.

Ärmelbündchen

Häkeln Sie diese wie bei der Grundfigur.

Rd 1–5 mit Weiß.

Sticken Sie mit Ocker 2 gestrichelte Reihen zwischen Rd 3 und Rd 4 sowie zwischen Rd 4 und Rd 5.

Nähen Sie die Arme vertikal an den Körper.

Haare

Häkeln Sie 2 Lm mit Ocker oder beginnen Sie mit einem magischen Ring.

Rd 1: Häkeln Sie 6 fM in die 1. Lm oder in den magischen Ring, 1 Km in die 1. fM (= 6 fM)

Rd 2: 2 fM in jede fM (= 12 fM)

Rd 3: 2 fM in jede 2. fM (= 18 fM)

Rd 4: 10 × (12 Lm, häkeln Sie zurück entlang dieser Lm mit 2 fM in jede fM (= 22 fM), 1 fM in die Basis),

2 × (9 Lm, häkeln Sie zurück entlang dieser Lm mit 2 fM in jede fM (= 16 fM), 1 fM in die Basis), 4 × (6 Lm, häkeln Sie zurück entlang dieser Lm mit 2 fM in jede fM (= 10 fM), 1 fM in die Basis), 2 × (9 Lm, häkeln Sie zurück entlang dieser Lm mit 2 fM in jede fM (= 16 fM), 1 fM in die Basis) (siehe Foto links)
Sichern Sie den Faden. Nähen Sie die Haare oben am Kopf fest.

Heiligenschein

Häkeln Sie mit Gelb eine Kette aus 24 Lm und schließen Sie diese mit einer Km zu einem Ring.
Rd 1: Häkeln Sie 24 fM in den Ring
Rd 2: 2 fM in jede 4. fM (= 30 fM)
Rd 3: Häkeln Sie jede 4. und 5. fM zusammen (= 24 fM)
Rd 4: Legen Sie die Häkelarbeit doppelt und häkeln Sie die fM mit den verbliebenen M-Gliedern der Lm-Kette zusammen (= 24 fM) (siehe Foto rechts)
Sichern Sie den Faden. Nähen Sie den Heiligenschein in der Mitte der Haare fest.

Schalmei

Häkeln Sie 2 Lm mit Gelb oder beginnen Sie mit einem magischen Ring.
Rd 1: Häkeln Sie 6 fM in die 1. Lm oder in den magischen Ring, 1 Km in die 1. fM (= 6 fM)
Rd 2: 2 fM in jede fM (= 12 fM)
Rd 3: 2 fM in jede 2. fM (= 18 fM)
Rd 4: 18 fM, aber nur in die hinteren M-Glieder
Rd 5: Häkeln Sie jede 5. und 6. fM zusammen (= 15 fM)
Rd 6: Häkeln Sie jede 4. und 5. fM zusammen (= 12 fM)

Stopfen Sie die Schalmei aus.

Rd 7: Häkeln Sie jede 3. und 4. fM zusammen (= 9 fM)

Rd 8–19: 9 fM

Rd 20: Häkeln Sie jede 2. und 3. fM zusammen (= 6 fM)

Rd 21–25: 6 fM

Sichern Sie den Faden. Nähen Sie die Schalmei an das Gesicht auf Höhe von Rd 34 und Rd 35. Nähen Sie die Hände an der Schalmei fest.

Flügel

Häkeln Sie 2 Lm mit Weiß oder beginnen Sie mit einem magischen Ring.

Rd 1: Häkeln Sie 6 fM in die 1. Lm oder in den magischen Ring, 1 Km in die 1. fM (= 6 fM)

Rd 2: 2 fM in jede fM (= 12 fM)

Rd 3: 2 fM in jede 2. fM (= 18 fM)

Rd 4: 18 fM

Rd 5: 6 × (1 fM, 2 fM in die folgende fM, 1 fM) (= 24 fM)

Rd 6: 24 fM

Rd 7: 2 fM in jede 4. fM (= 30 fM)

Rd 8–10: 30 fM

Rd 11: Legen Sie die Häkelarbeit doppelt und häkeln Sie die M mit 14 fM zusammen

R 12: 1 Lm, Arbeit wenden, 6 fM, lassen Sie die restlichen M unbearbeitet

R 13: 1 Lm, Arbeit wenden, 6 fM

R 14: 1 Lm, Arbeit wenden, 2 fM zusammenhäkeln, 2 fM, 2 fM zusammenhäkeln (= 4 fM)

R 15 + 16: 1 Lm, Arbeit wenden, 4 fM

R 17: 1 Lm, Arbeit wenden, 2 × (2 fM zusammenhäkeln) (= 2 fM)

R 18: 1 Lm, Arbeit wenden, 2 fM

Sichern Sie den Faden. Schlingen Sie den Faden wieder an der fM neben dem ersten Flügelteil (siehe Foto) an.

R 1: 5 fM

R 2: 1 Lm, Arbeit wenden, 5 fM

R 3: 1 Lm, Arbeit wenden, 2 fM zusammenhäkeln, 1 fM, 2 fM zusammenhäkeln (= 3 fM)

R 4: 1 Lm, Arbeit wenden, 3 fM

R 5: 1 Lm, Arbeit wenden, 1 fM, 2 fM zusammenhäkeln (= 2 fM)

Sichern Sie den Faden. Schlingen Sie den Faden wieder an der 1. fM neben dem zweiten Flügelteil an.

R 1: 3 fM

R 2: 1 Lm, Arbeit wenden, 3 fM

R 3: 1 Lm, Arbeit wenden, 1 fM, 2 fM zusammenhäkeln (= 2 fM)

Sichern Sie den Faden. Schlingen Sie den Faden wieder an der Seite der 1. Rd des ersten Flügelteils an und häkeln Sie eine Reihe fM entlang aller Flügelteile (siehe Foto). Häkeln Sie noch einen Flügel und nähen Sie beide Flügel an der Rückseite des Körpers fest.

Engel mit braunen Haaren

Was wird benötigt??
- ca. 40 g in Weiß (Fb 801)
- ca. 15 g in Rosa (Fb 820)
- ca. 10 g in Braun (Fb 822)
- Rest in Ocker (Fb 809)
- Rest in Gelb (Fb 833)
- 2 Sicherheitsaugen in Schwarz, 9 mm
- Stück Pappe
- Füllwatte
- Häkelnadel 3 mm
- Stopfnadel

Häkeln Sie den Engel mit den braunen Haaren wie den Engel mit Schalmei, aber verwenden Sie für die Haare Braun statt Ocker. Nähen Sie die Arme horizontal an den Körper und lassen Sie die Schalmei weg. Sticken Sie mit Ocker Kreuze auf Körper und Arme.

Stern

Was wird benötigt?

- ca.15 g in Gelb (Fb 833)
- Füllwatte
- Häkelnadel 3 mm
- Stopfnadel

Stern

Häkeln Sie 2 Lm oder beginnen Sie mit einem magischen Ring.

Rd 1: 6 fM in die 1. Lm oder in den magischen Ring.

Rd 2: 2 fM in jede fM (= 12 fM)

Rd 3: 2 fM in jede 2. fM (= 18 fM)

Rd 4: 6 × (1 fM, 2 fM in die folgende fM, 1 fM) (= 24 fM)

Rd 5: 2 fM in jede 4. fM (= 30 fM)

Rd 6: 6 fM, lassen Sie die restlichen M unbearbeitet

Häkeln Sie in Hin- und Rückreihen. Häkeln Sie nach jeder R eine Wende-Lm und wenden Sie die Arbeit. Die Zählung wird ab hier in R fortgesetzt.

R 7: 6 fM

R 8: 2 fM zusammenhäkeln, 2 fM, 2 fM zusammenhäkeln (= 4 fM)

R 9: 4 fM

R 10: 2 × (2 fM zusammenhäkeln) (= 2 fM)

R 11: 2 fM

R 12: 2 fM zusammenhäkeln (= 1 fM)

Häkeln Sie von dieser ersten Spitze die Seite entlang nach unten mit 7 fM. Häkeln Sie anschließend 6 fM in den Ring und wiederholen Sie Rd 7–12. Häkeln Sie von dieser zweiten Spitze die Seite entlang nach unten mit 7 fM. Häkeln Sie auf diese Art insgesamt 5 Zacken. Häkeln Sie von der letzten Spitze 7 fM nach unten und häkeln Sie anschließend an der gesamten Arbeit entlang wie folgt eine Reihe fM:

* 7 fM an der folgenden Zacke entlang nach oben, 3 fM in die fM an der Oberseite, 7 fM von der Spitze nach unten, wiederholen Sie ab * noch 4 ×. Sichern Sie den Faden.

Häkeln Sie nochmal dasselbe Teil, aber schneiden Sie den Faden nicht ab.

Legen Sie beide Teile aufeinander mit der sauberen Seite nach außen und häkeln Sie beide mit einer Reihe fM zusammen.

Stopfen Sie während des Zusammenhäkelns den Stern aus. Enden Sie mit einer Km in die 1. fM und sichern Sie den Faden. Vernähen Sie den Faden.

Schweif

Der Schweif wird in Hin- und Rückreihen gehäkelt.
Häkeln Sie eine Kette aus 21 Lm.

R 1: 5 fM, 5 hStb, 5 Stb, 5 DStb

R 2: Häkeln Sie nur in die vorderen M-Glieder: 4 Lm, Arbeit wenden, 5 DStb, 5 Stb, 5 hStb, 5 fM

R 3: Häkeln Sie nur in die hinteren M-Glieder: 1 Lm, Arbeit wenden, 5 fM, 5 hStb, 5 Stb, 5 DStb

Sichern Sie den Faden. Nähen Sie den Schweif am Stern fest. Vernähen Sie die Fäden.

Schaf

Was wird benötigt??
- ca. 30 g in Weiß (Fb 801)
- ca. 15 g in Grau (Fb 802)
- 6 Sicherheitsaugen in Schwarz, 6 mm
- Stück Pappe
- Füllwatte
- Häkelnadel 3 mm
- Stopfnadel

Kopf und Körper

Häkeln Sie 2 Lm mit Grau oder beginnen Sie mit einem magischen Ring.

Rd 1: Häkeln Sie 6 fM in die 1. Lm oder in den magischen Ring, 1 Km in die 1. fM (= 6 fM)

Rd 2: 2 fM in jede fM (= 12 fM)

Rd 3: 12 fM

Rd 4: 2 fM in jede 2. fM (= 18 fM)

Rd 5–10: 18 fM

Befestigen Sie Sicherheitsaugen zwischen Rd 5 und Rd 6 mit einem Abstand von 6 M.

Fahren Sie mit Weiß fort.

Rd 11: 6 × (1 fM, 2 fM in die folgende fM, 1 fM) (= 24 fM)

Rd 12: 2 fM in jede 4. fM (= 30 fM)

Rd 13: 6 × (2 fM, 2 fM in die folgende fM, 2 fM) (= 36 fM)

Rd 14: 36 fM

Rd 15: 6 × (3 fM, 2 fM in die folgende fM, 3 fM) (= 42 fM)

Rd 16–22: 42 fM

Rd 23: Häkeln Sie jede 6. und 7. fM zusammen (= 36 fM)

Rd 24: 36 fM

Rd 25: 6 × (2 fM, 2 fM zusammenhäkeln, 2 fM) (= 30 fM)

Rd 26: 30 fM

Rd 27: Häkeln Sie jede 4. und 5. fM zusammen (= 24 fM)

Rd 28: 6 × (1 fM, 2 fM zusammenhäkeln, 1 fM) (= 18 fM)

Stopfen Sie Kopf und Körper aus.

Rd 29: Häkeln Sie jede 2. und 3. fM zusammen (= 12 fM)

Rd 30: 6 × (2 fM zusammenhäkeln) (= 6 fM)

Sichern Sie den Faden. Fädeln Sie den Faden durch die restlichen 6 M und ziehen Sie ihn fest. Vernähen Sie den Faden.

Ohr

Häkeln Sie mit Grau eine Kette aus 4 Lm.

R 1: 3 fM

Sichern Sie den Faden. Häkeln Sie noch ein Ohr und nähen Sie die Ohren am Kopf auf Höhe von Rd 10 an.

Fuß

Häkeln Sie 2 Lm mit Grau oder beginnen Sie mit einem magischen Ring.

Rd 1: Häkeln Sie 6 fM in die 1. Lm oder in den magischen Ring, 1 Km in die 1. fM (= 6 fM)

Rd 2: 2 fM in jede 2. fM (= 9 fM)

Rd 3 + 4: 9 fM

Enden Sie mit einer Km in die 1. fM der Rd und sichern Sie den Faden. Häkeln Sie noch 3 Füße. Stopfen Sie die Füße aus und nähen Sie diese am Kopf unten am Körper fest. Häkeln Sie noch 2 weitere Schafe auf dieselbe Weise.

Hirte mit Lamm

Was wird benötigt?
- ca. 25 g in Braun (Fb 822)
- ca. 15 g in Dunkelbraun (Fb 829)
- ca. 15 g in Rosa (Fb 820)
- ca. 10 g in Weiß (Fb 801)
- Rest in Hellgrau (Fb 814)
- Faden in Schwarz (Fb 803)
- 2 Sicherheitsaugen in Schwarz, 9 mm
- 2 Sicherheitsaugen in Schwarz, 6 mm
- Stück Pappe
- Füllwatte
- Häkelnadel 3 mm
- Stopfnadel

Hirte

Kopf und Körper

Häkeln Sie Kopf und Körper wie bei der Grundfigur.

Rd 1–31 mit Braun.

Rd 32–50 mit Rosa.

Arme

Häkeln Sie die Arme wie bei der Grundfigur.

Rd 1–10 mit Rosa.

Rd 11–18 mit Braun.

Ärmelbündchen

Häkeln Sie diese wie bei der Grundfigur.

Rd 1–5 mit Braun.

Nähen Sie die Ärmel vertikal an den Körper.

Kopftuch

Beginnen Sie das Kopftuch von oben. Häkeln Sie 2 Lm mit Dunkelbraun oder beginnen Sie mit einem magischen Ring.

Rd 1: Häkeln Sie 6 fM in die 1. Lm oder in den magischen Ring, 1 Km in die 1. fM (= 6 fM)

Rd 2: 2 fM in jede fM (= 12 fM)

Rd 3: 2 fM in jede 2. fM (= 18 fM)

Rd 4: 6 × (1 fM, 2 fM in die folgende fM, 1 fM) (= 24 fM)

Rd 5: 2 fM in jede 4. fM (= 30 fM)

Rd 6: 6 × (2 fM, 2 fM in die folgende fM, 2 fM) (= 36 fM)

Rd 7: 36 fM

Rd 8: 2 fM in jede 6. fM (= 42 fM)

Rd 9–13: 42 fM

Rd 14: 1 Lm, Arbeit wenden, 26 fM

Von hier an wird in Hin- und Rückreihen gehäkelt. Häkeln Sie nach jeder R eine Wende-Lm und wenden Sie die Arbeit. Die Zählung wird ab hier in R fortgesetzt.

R 15–25: 26 fM

R 26: 2 fM zusammenhäkeln, 22 fM, 2 fM zusammenhäkeln (= 24 fM)

R 27: 24 fM

R 28: 2 fM zusammenhäkeln, 20 fM, 2 fM zusammenhäkeln (= 22 fM)

R 29: 22 fM

R 30: 2 fM zusammenhäkeln, 18 fM, 2 fM zusammenhäkeln (= 20 fM)

R 31: 20 fM

R 32: 2 fM zusammenhäkeln, 16 fM, 2 fM zusammenhäkeln (= 18 fM)

R 33: 18 fM

R 34: 2 fM zusammenhäkeln, 14 fM, 2 fM zusammenhäkeln (= 16 fM)

R 35: 16 fM

Sichern Sie den Faden. Nähen Sie das Kopftuch am Kopf fest.

Häkeln Sie mit Braun eine Kette aus 45 Lm. Wickeln Sie diese um das Kopftuch und nähen Sie sie fest.

Taillenband

Häkeln Sie mit Dunkelbraun eine Kette aus 54 Lm. Sichern Sie den Faden. Vernähen Sie die Fäden. Knoten Sie das Band um die Taille und befestigen Sie es.

Lamm

Körper

Häkeln Sie 2 Lm mit Weiß oder beginnen Sie mit einem magischen Ring.

Rd 1: Häkeln Sie 6 fM in die 1. Lm oder in den magischen Ring, 1 Km in die 1. fM (= 6 fM)

Rd 2: 2 fM in jede fM (= 12 fM)

Rd 3: 12 fM

Rd 4: 2 fM in jede 2. fM (= 18 fM)

Rd 5–7: 18 fM

Rd 8 + 9: 5 Stb, 4 fM, 5 Km, 4 fM (= 18 fM)

Rd 10: 2 Stb zusammenhäkeln, 1 Stb, 2 Stb zusammenhäkeln, 2 fM, 2 fM zusammenhäkeln, 5 Km, 2 fM zusammenhäkeln, 2 fM (= 14 fM)

Rd 11: 3 Stb, 1 fM, 2 fM zusammenhäkeln, 5 Km, 2 fM zusammenhäkeln, 1 fM (= 12 fM)

Rd 12: 12 fM

Enden Sie mit einer Km in die 1. fM der Rd und sichern Sie den Faden. Stopfen Sie den Körper aus.

Kopf

Häkeln Sie 2 Lm mit Weiß oder beginnen Sie mit einem magischen Ring.

Rd 1: Häkeln Sie 6 fM in die 1. Lm oder in den magischen Ring, 1 Km in die 1. fM (= 6 fM)

Rd 2: 2 fM in jede fM (= 12 fM)

Rd 3 + 4: 12 fM

Rd 5: 6 × (2 fM in die folgende fM), 6 fM (= 18 fM)

Rd 6–8: 18 fM

Rd 9: Häkeln Sie jede 2. und 3. fM zusammen (= 12 fM)

Stopfen Sie den Kopf aus.

Rd 10: 6 × (2 fM zusammenhäkeln) (= 6 fM)

Sichern Sie den Faden. Fädeln Sie den Faden durch die restlichen 6 M und ziehen Sie ihn fest. Vernähen Sie den Faden. Nähen Sie den Kopf an den Körper. Sticken Sie mit Schwarz die Augen und mit Rosa die Nase.

Ohren

Häkeln Sie 4 Lm mit Weiß.

R 1: 3 fM

Sichern Sie den Faden. Häkeln Sie noch ein Ohr und nähen Sie die Ohren am Kopf an auf Höhe von Rd 8 mit einem Abstand von 4 M.

Schwanz

Häkeln Sie 4 Lm mit Weiß.

R 1: 3 Km

Sichern Sie den Faden. Nähen Sie den Schwanz an die Rückseite des Körpers auf Höhe von Rd 3.

Füße

Häkeln Sie 2 Lm mit Hellgrau oder beginnen Sie mit einem magischen Ring.

Rd 1: Häkeln Sie 6 fM in die 1. Lm oder in den magischen Ring, 1 Km in die 1. fM (= 6 fM)

Rd 2: 6 fM, aber nur in die hinteren M-Glieder

Fahren Sie mit Weiß fort.

Rd 3–6: 6 fM

Enden Sie mit einer Km in die 1. fM und sichern Sie den Faden. Häkeln Sie noch 3 Füße und nähen Sie Füße unten am Körper an. Nähen Sie das Lamm in die Arme des Hirten.

Hirte mit Bart und Stab

Was wird benötigt?

- ca. 25 g in Braun (Fb 822)
- ca. 15 g in Dunkelbraun (Fb 829)
- ca. 15 g in Rosa (Fb 820)
- Rest in Hellgrau (Fb 814)
- Rest in Hellbraun (Fb 804)
- 2 Sicherheitsaugen in Schwarz, 9 mm
- Stück Pappe
- Holzspieß
- Füllwatte
- Häkelnadel 3 mm
- Stopfnadel

Kopf und Körper

Häkeln Sie Kopf und Körper wie bei der Grundfigur.

Rd 1–31 mit Braun.

Rd 32–50 mit Rosa.

Arme

Häkeln Sie die Arme wie bei der Grundfigur.

Rd 1–10 mit Rosa.

Rd 11–18 mit Braun.

Ärmelbündchen

Häkeln Sie diese wie bei der Grundfigur.

Rd 1–5 mit Braun.

Nähen Sie die Arme am Körper fest, direkt unter dem Kopf.

Bart

Häkeln Sie mit Hellgrau eine Kette aus 15 Lm.

R 1: 7 × (2 fM in die folgende fM, 1 fM) (= 21 fM)

R 2 + 3: 1 Lm, Arbeit wenden, 21 fM

Sichern Sie den Faden. Nähen Sie den Bart am Gesicht fest und vernähen Sie die Fäden.

Kopftuch

Häkeln Sie das Kopftuch wie beim Hirten mit Lamm.

Taillenband

Häkeln Sie de das Band wie beim Hirten mit Lamm.

Stab

Häkeln Sie mit Hellbraun eine Kette aus 29 Lm.

R 1: 28 fM

R 2 + 3: 1 Lm, Arbeit wenden, 28 fM

R 4: 1 Lm, Arbeit wenden, legen Sie die Häkelarbeit der Länge nach doppelt und häkeln Sie die M mit 28 Km zusammen.

Sichern Sie den Faden. Kürzen Sie den Holzspieß auf die richtige Länge und schieben Sie diesen in den Stab. Nähen Sie die Enden zu. Nähen Sie den Stab an die Hand des Hirten.

Balthasar

Was wird benötigt?
- ca. 30 g in Blau (Fb 824)
- ca. 15 g in Rosa (Fb 820)
- ca. 15 g in Orange (Fb 816)
- Rest in Braun (Fb 822)
- Rest in Grün (Fb 825)
- Rest in Ocker (Fb 809)
- 2 Sicherheitsaugen in Schwarz, 9 mm
- Stück Pappe
- Füllwatte
- Häkelnadel 3 mm
- Stopfnadel

Kopf und Körper

Häkeln Sie Kopf und Körper wie bei der Grundfigur.

Rd 1–31 mit Blau.

Rd 32–50 mit Rosa.

Sticken Sie mit Orange 2 gestrichelte Reihen von 2 M Länge zwischen Rd 9 und Rd 10 sowie zwischen Rd 10 und Rd 11.

Arme

Häkeln Sie die Arme wie bei der Grundfigur.

Rd 1–10 mit Rosa.

Rd 11–18 mit Blau.

Ärmelbündchen

Häkeln Sie diese wie bei der Grundfigur.

Rd 1–5 mit Blau.

Sticken Sie wie beim Körper mit Orange gestrichelte Reihen zwischen Rd 4 und Rd 5 sowie zwischen Rd 3 und Rd 4 des Ärmels. Nähen Sie die Arme vertikal am Körper an.

Bart

Häkeln Sie mit Braun eine Kette aus 15 Lm.

R 1: 7 × (2 fM in die folgende fM, 1 fM) (= 21 fM)

R 2 + 3: 1 Lm, Arbeit wenden, 21 fM

Sichern Sie den Faden. Nähen Sie den Bart am Gesicht fest und vernähen Sie die Fäden.

Kopftuch

Beginnen Sie das Kopftuch von oben.

Häkeln Sie 2 Lm mit Orange oder beginnen Sie mit einem magischen Ring.

Rd 1: Häkeln Sie 6 fM in die 1. Lm oder in den magischen Ring, 1 Km in die 1. fM (= 6 fM)

Rd 2: 2 fM in jede fM (= 12 fM)

Rd 3: 2 fM in jede 2. fM (= 18 fM)

Rd 4: 6 × (1 fM, 2 fM in die folgende fM, 1 fM) (= 24 fM)

Rd 5: 2 fM in jede 4. fM (= 30 fM)

Rd 6: 6 × (2 fM, 2 fM in die folgende fM, 2 fM) (= 36 fM)

Rd 7: 36 fM

Rd 8: 2 fM in jede 6. fM (= 42 fM)

Rd 9–13: 42 fM

Rd 14: 1 Lm, Arbeit wenden, 26 fM

Von hier an wird in Hin- und Rückreihen gehäkelt. Häkeln Sie nach jeder R eine Wende-Lm und wenden Sie die Arbeit. Die Zählung wird ab hier in R fortgesetzt.

R 15: 26 fM

R 16: 2 fM zusammenhäkeln, 22 fM, 2 fM zusammenhäkeln (= 24 fM)

R 17: 24 fM

R 18: 2 fM zusammenhäkeln, 20 fM, 2 fM zusammenhäkeln (= 22 fM)

R 19: 22 fM

R 20: 2 fM zusammenhäkeln, 18 fM, 2 fM zusammenhäkeln (= 20 fM)

R 21: 20 fM

R 22: 2 fM zusammenhäkeln, 16 fM, 2 fM zusammenhäkeln (= 18 fM)

R 23: 18 fM

R 24: 2 fM zusammenhäkeln, 14 fM, 2 fM zusammenhäkeln (= 16 fM)

R 25: 16 fM

R 26: 2 fM zusammenhäkeln, 12 fM, 2 fM zusammenhäkeln (= 14 fM)

R 27: 14 fM

R 28: 2 fM zusammenhäkeln, 10 fM, 2 fM zusammenhäkeln (= 12 fM)

R 29: 12 fM

Häkeln Sie anschließend wie folgt eine Reihe fM am Kopftuch entlang: 16 fM entlang der Seite, 16 fM entlang der Vorderseite, 16 fM entlang der Seite, 12 fM entlang der Unterseite.

Enden Sie mit einer Km in die 1. fM und sichern Sie den Faden. Nähen Sie das Kopftuch am Kopf fest.

Band

Häkeln Sie mit Blau eine Kette aus 48 Lm und schließen Sie diese mit einer Km zu einem Ring.

Rd 1: 2 fM in jede 8. Lm (= 54 fM)

Rd 2 + 3: 54 fM

Rd 4: Häkeln Sie jede 8. und 9. fM zusammen (= 48 fM)

Rd 5: Legen Sie die Häkelarbeit der Länge nach doppelt und häkeln Sie die fM mit den verbliebenen M-Gliedern der Lm-Kette zusammen.

Enden Sie mit einer Km in die 1. fM und sichern Sie den Faden. Schieben Sie das Band über das Kopftuch und nähen Sie es fest.

Weihrauchfass

Beginnen Sie mit dem Fass von unten. Häkeln Sie 2 Lm mit Ocker oder beginnen Sie mit einem magischen Ring.

Rd 1: Häkeln Sie 6 fM in die 1. Lm oder in den magischen Ring, 1 Km in die 1. fM (= 6 fM)

Rd 2: 2 fM in jede fM (= 12 fM)

Rd 3: 12 fM, aber nur in die hinteren M-Glieder

Rd 4: 12 fM

Fahren Sie mit Grün fort.

Rd 5: 2 fM in jede fM, aber nur in die vorderen M-Glieder (= 24 fM)

Rd 6–10: 24 fM

Rd 11: 6 × (1 fM, 2 fM zusammenhäkeln, 1 fM) (= 18 fM)

Rd 12: Häkeln Sie jede 2. und 3. fM zusammen (= 12 fM)

Fahren Sie mit Ocker fort.

Rd 13 + 14: 12 fM

Stopfen Sie das Fass aus.

Rd 15: 6 × (2 fM zusammenhäkeln), aber nur in die hinteren M-Glieder (= 6 fM)

Sichern Sie den Faden. Fädeln Sie den Faden durch die restlichen 6 M und ziehen Sie ihn fest.

Machen Sie mit dem Restfaden eine Schlinge und vernähen Sie den Faden dann. Sticken Sie mit Ocker Längsstreifen auf das Fass. Nähen Sie das Fass zwischen die Hände von Balthasar.

Caspar

Was wird benötigt?

- ca. 40 g in Lila (Fb 811)
- ca. 15 g in Braun (Fb 822)
- ca. 15 g in Grün (Fb 825)
- Rest in Gelb (Fb 833)
- Rest in Schwarz (Fb 803)
- Rest in Ocker (Fb 809)
- 2 Sicherheitsaugen in Schwarz, 9 mm
- Stück Pappe
- Füllwatte
- Häkelnadel 3 mm
- Stopfnadel

Kopf und Körper

Häkeln Sie Kopf und Körper wie bei der Grundfigur.

Rd 1–9 mit Lila.

Rd 10 mit Grün.

Rd 11–31 mit Lila.

Rd 32–50 mit Braun.

Sticken Sie mit Schwarz den Bart auf das Gesicht.

Arme

Häkeln Sie die Arme wie bei der Grundfigur.

Rd 1–10 mit Braun.

Rd 11–18 mit Lila

Ärmel

Häkeln Sie diese wie bei der Grundfigur.

Rd 1–3 mit Lila.

Rd 4 mit Grün.

Rd 5 mit Lila.

Nähen Sie die Arme vertikal an den Körper.

Mütze

Häkeln Sie mit Lila eine Kette aus 42 Lm und schließen Sie diese mit einer Km zu einem Ring.

Rd 1: Häkeln Sie 42 fM in den Ring

Rd 2: 6 × (3 fM, 2 fM in die folgende fM, 3 fM) (= 48 fM)

Rd 3: 2 fM in jede 8. fM (= 54 fM)

Rd 4: 6 × (4 fM, 2 fM in die folgende fM, 4 fM) (= 60 fM)

Rd 5: 60 fM

Rd 6: 6 × (4 fM, 2 fM zusammenhäkeln, 4 fM) (= 54 fM)

Rd 7: Häkeln Sie jede 8. und 9. fM zusammen (= 48 fM)

Rd 8: 6 × (3 fM, 2 fM zusammenhäkeln, 3 fM) (= 42 fM)

Fahren Sie mit Grün fort.

Rd 9: Häkeln Sie jede 6. und 7. fM zusammen, aber nur in die hinteren M-Glieder (= 36 fM)

Rd 10: 36 fM

Rd 11: 6 × (2 fM, 2 fM zusammenhäkeln, 2 fM) (= 30 fM)

Rd 12: 30 fM

Rd 13: Häkeln Sie jede 4. und 5. fM zusammen (= 24 fM)

Rd 14: 6 × (1 fM, 2 fM zusammenhäkeln, 1 fM) (= 18 fM)

Rd 15: Häkeln Sie jede 2. und 3. fM zusammen (= 12 fM)

Rd 16: 6 × (2 fM zusammenhäkeln) (= 6 fM)

Sichern Sie den Faden. Vernähen Sie den Faden. Sticken Sie mit Grün Längsstreifen auf den lila Teil der Mütze, von Rd 2–7, jeweils mit 2 M Abstand. Stopfen Sie die Mütze locker aus. Setzen Sie die Mütze auf den Kopf und nähen Sie sie fest.

Myrrhegefäß

Häkeln Sie 2 Lm mit Gelb oder beginnen Sie mit einem magischen Ring.

Rd 1: Häkeln Sie 6 fM in die 1. Lm oder in den magischen Ring, 1 Km in die 1. fM (= 6 fM)

Rd 2: 2 fM in jede fM (= 12 fM)

Rd 3: 2 fM in jede 2. fM (= 18 fM)

Rd 4: 18 fM, aber nur in die hinteren M-Glieder

Rd 5: Häkeln Sie jede 2. und 3. fM zusammen (= 12 fM)

Rd 6: 12 fM

Stopfen Sie das Unterteil aus.

Rd 7: 6 × (2 fM in die folgende fM) (= 6 fM)

Rd 8: 2 fM in jede fM (= 12 fM)

Rd 9: 2 fM in jede 2. fM (= 18 fM)

Rd 10: 6 × (1 fM, 2 fM in die folgende fM, 1 fM) (= 24 fM)

Rd 11–13: 24 fM

Rd 14: 2 fM in jede 4. fM, aber nur in die vorderen M-Glieder (= 30 fM)

Rd 15: Häkeln Sie jede 4. und 5. fM zusammen (= 24 fM)

Rd 16: Häkeln Sie die fM zusammen mit den verbliebenen M-Gliedern von Rd 14 (= 24 fM) (siehe Foto S. 62)

Rd 17: 24 fM

Rd 18: 6 × (1 fM, 2 fM zusammenhäkeln, 1 fM) (= 18 fM)
Stopfen Sie das Gefäß weiter aus.

Rd 19: Häkeln Sie jede 2. und 3. fM zusammen (= 12 fM)

Rd 20: 6 × (2 fM zusammenhäkeln) (= 6 fM)

Rd 21: 2 fM in jede fM (= 12 fM)

Rd 22: 6 × (2 fM zusammenhäkeln) (= 6 fM)
Sichern Sie den Faden. Fädeln Sie den Faden durch die restlichen 6 M und ziehen Sie ihn fest.
Vernähen Sie den Faden. Sticken Sie mit Ocker Streifen über das Gefäß, jeweils über 2 M, zwischen Rd 3 und Rd 4, zwischen Rd 12 und Rd 13, zwischen Rd 16 und Rd 17 sowie zwischen Rd 20 und Rd 21. Nähen Sie das Gefäß zwischen Caspars Hände.

Melchior

Was wird benötigt?
- ca. 25 g in Orange (Fb 816)
- ca. 25 g in Rot (Fb 823)
- ca. 15 g in Rosa (Fb 820)
- ca. 15 g in Gelb (Fb 833)
- Rest in Braun (Fb 822)
- Rest in Grau (Fb 802)
- 2 Sicherheitsaugen in Schwarz, 9 mm
- Stück Pappe
- Füllwatte
- Häkelnadel 3 mm
- Stopfnadel

Kopf und Körper

Häkeln Sie Kopf und Körper wie bei der Grundfigur.

Rd 1–14 mit Rot.

Rd 15–31 mit Orange.

Rd 32–50 mit Rosa.

Sticken Sie mit Orange 2 gestrichelte Reihen mit je 2 M Länge zwischen Rd 9 und Rd 10 sowie zwischen Rd 13 und Rd 14.

Sticken Sie Kreuze über Rd 11 und Rd 12.

Arme

Häkeln Sie die Arme wie bei der Grundfigur.

Rd 1–10 mit Rosa.

Rd 11 + 12 mit Rot.

Rd 13–18 mit Orange.

Ärmelbündchen

Häkeln Sie diese wie bei der Grundfigur.

Rd 1–5 mit Rot.

Sticken Sie mit Orange gestrichelte Reihen und Kreuze wie beim Körper. Nähen Sie die Arme vertikal an den Körper.

Bart

Schneiden Sie 38 graue Fäden von ca. 20 cm Länge ab. Befestigen Sie diese wie folgt am Gesicht: Legen Sie die Fäden doppelt und ziehen Sie sie mit der Häkelnadel durch eine M. Holen Sie die zwei Fadenenden durch die Schlinge, die entstanden ist, und ziehen Sie sie fest. Befestigen Sie eine Reihe aus 8 Fäden unterhalb der Augen zwischen Rd 37 und Rd 38.

Eine Reihe aus 10 Fäden zwischen Rd 36 und Rd 37 und eine Reihe aus 18 Fäden zwischen Rd 35 und Rd 36. Befestigen Sie noch 1 Faden an jeder Seite oberhalb der äußersten Fäden der letzten Reihe. Stutzen Sie den Bart in eine halbrunde Form zurecht.

Krone

Häkeln Sie mit Gelb eine Kette aus 45 Lm und schließen Sie diese mit einer Km zu einem Ring.

Rd 1–4: 45 fM

Rd 5: 45 fM, aber nur in die vorderen M-Glieder

Rd 6 + 7: 45 fM

Rd 8: * 9 fM, 1 Lm, Arbeit wenden, 2 fM zusammenhäkeln, 4 fM, 2 fM zusammenhäkeln, 1 Lm, Arbeit wenden, 2 fM zusammenhäkeln, 2 fM, 2 fM zusammenhäkeln, 1 Lm, Arbeit wenden, 2 × (2 fM zusammenhäkeln), 1 Lm, Arbeit wenden, 2 fM zusammenhäkeln, häkeln Sie anschließend 5 fM entlang der Kante nach unten und häkeln Sie dann weiter auf der Basis, wiederholen Sie das Ganze ab * noch 4 ×, enden Sie mit einer Km und sichern Sie den Faden.

Vernähen Sie die Fäden. Schlingen Sie den roten Faden am 1. verbliebenen M-Glied von Rd 5 an.

Rd 1: Häkeln Sie je 1 fM in die 45 M-Glieder

Rd 2 + 3: 45 fM

Rd 4: Häkeln Sie jede 8. und 9. fM zusammen (= 40 fM)

Rd 5: Häkeln Sie jede 9. und 10. fM zusammen (= 36 fM)

Rd 6: 6 × (2 fM, 2 fM zusammenhäkeln, 2 fM) (= 30 fM)

Rd 7: Häkeln Sie jede 4. und 5. fM zusammen (= 24 fM)

Rd 8: 6 × (1 fM, 2 fM zusammenhäkeln, 1 fM) (= 18 fM)

Rd 9: Häkeln Sie jede 2. und 3. fM zusammen (= 12 fM)

Rd 10: Häkeln Sie bei jeder 2. M je 2 fM zusammen (= 6 fM)

Sichern Sie den Faden. Fädeln Sie den Faden durch die restlichen 6 M und ziehen Sie ihn fest. Vernähen Sie den Faden. Setzen Sie die Krone auf den Kopf und nähen Sie sie fest.

Goldkiste

Beginnen Sie mit dem Boden. Der Boden wird in Reihen gehäkelt. Häkeln Sie mit Braun eine Kette aus 7 Lm.

R 1: 6 fM

R 2 + 3: 1 Lm, Arbeit wenden, 6 fM

R 4: Häkeln Sie anschließend wie folgt eine Runde fM am Boden entlang: 3 fM entlang der Seite, 3 fM in die Ecke, 5 fM entlang der Unterseite, 3 fM in die Ecke, 3 fM entlang der Seite,

3 fM in die Ecke, 5 fM entlang der Oberseite, 3 fM in die Ecke (= 28 fM)

Häkeln Sie in Spiralrunden weiter.

Rd 5–10: 28 fM

Rd 11: 3 fM, 2 fM zusammenhäkeln, 7 fM, 2 fM zusammenhäkeln, 3 fM, 2 fM zusammenhäkeln, 7 fM, 2 fM zusammenhäkeln (= 24 fM)

Rd 12: 3 fM, 2 fM zusammenhäkeln, 5 fM, 2 fM zusammenhäkeln, 3 fM, 2 fM zusammenhäkeln, 5 fM, 2 fM zusammenhäkeln (= 20 fM)

Rd 13: 3 fM, 2 fM zusammenhäkeln, 3 fM, 2 fM zusammenhäkeln, 3 fM, 2 fM zusammenhäkeln, 3 fM, 2 fM zusammenhäkeln (= 16 fM)

Rd 14: 2 × (2 fM zusammenhäkeln), 2 fM, 3 × (2 fM zusammenhäkeln), 2 fM, 2 fM zusammenhäkeln (= 10 fM)

Stopfen Sie die Kiste aus.

Rd 15: 5 × (2 fM zusammenhäkeln) (= 5 fM)

Sichern Sie den Faden. Fädeln Sie den Faden durch die restlichen 6 M und ziehen Sie ihn fest.

Vernähen Sie den Faden. Sticken Sie mit Gelb 2 gestrichelte Reihen von je 2 M Länge zwischen Rd 4 und Rd 5 sowie zwischen Rd 10 und Rd 11. Sticken Sie an jeder Ecke 1 vertikalen Strich. Nähen Sie die Kiste zwischen die Hände von Melchior.

Stehendes Kamel

Was wird benötigt?

- ca. 75 g in Hellbraun (Fb 804)
- ca. 10 g in Rot (Fb 823)
- Rest in Gelb (Fb 833)
- Rest in Dunkelbraun (Fb 829)
- 2 Sicherheitsaugen in Schwarz, 9 mm
- Füllwatte
- Häkelnadel 3 mm
- Stopfnadel

Körper

Häkeln Sie 2 Lm mit Hellbraun oder beginnen Sie mit einem magischen Ring.

Rd 1: Häkeln Sie 6 fM in die 1. Lm oder in den magischen Ring, 1 Km in die 1. fM (= 6 fM)

Rd 2: 2 fM in jede fM (= 12 fM)

Rd 3: 2 fM in jede 2. fM (= 18 fM)

Rd 4: 6 × (1 fM, 2 fM in die folgende fM, 1 fM) (= 24 fM)

Rd 5: 3 × (2 fM in die folgende fM), 9 fM, 3 × (2 fM in de folgende fM), 9 fM (= 30 fM)

Rd 6: 3 × (1 fM, 2 fM in die folgende fM), 9 fM, 3 × (1 fM, 2 fM in die folgende fM), 9 fM (= 36 fM)

Rd 7: 3 × (2 fM, 2 fM in die folgende fM), 9 fM, 3 × (2 fM, 2 fM in die folgende fM), 9 fM (= 42 fM)

Rd 8: 3 × (3 fM, 2 fM in die folgende fM), 9 fM, 3 × (3 fM, 2 fM in die folgende fM), 9 fM (= 48 fM)

Rd 9: 48 fM

Rd 10: 3 × (4 fM, 2 fM in die folgende fM), 9 fM, 3 × (4 fM, 2 fM in die folgende fM), 9 fM (= 54 fM)

Rd 11: 3 × (5 fM, 2 fM in die folgende fM), 36 fM (= 57 fM)

Rd 12: 3 × (6 fM, 2 fM in die folgende fM), 36 fM (= 60 fM)

Rd 13: 3 × (7 fM, 2 fM in die folgende fM), 36 fM (= 63 fM)

Rd 14: 3 × (8 fM, 2 fM in die folgende fM), 36 fM (= 66 fM)

Rd 15: 9 fM, 6 Lm, lassen Sie 20 fM aus, 1 fM in die 21. fM, 36 fM

Rd 16: 9 fM, 6 fM in die Lm, 37 fM (= 52 fM)

Rd 17: 52 fM

Rd 18: 4 Lm, lassen Sie 26 fM aus, 1 fM in die 27. fM, 25 fM

Rd 19: 4 fM in die Lm, 26 fM (= 30 fM)

Rd 20: Häkeln Sie jede 4. und 5. fM zusammen (= 24 fM)

Rd 21: 24 fM

Rd 22: 6 × (1 fM, 2 fM zusammenhäkeln, 1 fM) (= 18 fM)

Rd 23: Häkeln Sie jede 2. und 3. fM zusammen (= 12 fM)

Rd 24: 6 × (2 fM zusammenhäkeln) (= 6 fM)

Sichern Sie den Faden. Fädeln Sie den Faden durch die restlichen 6 M und ziehen Sie ihn fest.

Vernähen Sie den Faden nach innen. Schlingen Sie den hellbraunen Faden an der 1. fM links neben den Lm von Rd 18 an (siehe Foto).

Rd 1: 26 fM, 4 fM in die verbliebenen M-Glieder der Lm (= 30 fM)

Rd 2: 30 fM

Rd 3: Häkeln Sie jede 4. und 5. fM zusammen (= 24 fM)

Rd 4: 24 fM

Rd 5: 6 × (1 fM, 2 fM zusammenhäkeln, 1 fM) (= 18 fM)

Rd 6: Häkeln Sie jede 2. und 3. fM zusammen (= 12 fM)

Rd 7: 6 × (2 fM zusammenhäkeln) (= 6 fM)

Sichern Sie den Faden. Fädeln Sie den Faden durch die restlichen 6 M und ziehen Sie ihn fest.

Vernähen Sie den Faden nach innen. Stopfen Sie den Körper über die Halsöffnung aus. Schlingen Sie den hellbraunen Faden an der 1. fM links neben den Lm von Rd 15 an (siehe Foto).

Rd 1: 20 fM, 6 fM in die verbliebenen M-Glieder der Lm (= 26 fM)

Rd 2: 26 fM

Rd 3–5: 20 fM, 6 Km (= 26 fM)

Rd 6: 21 fM, 5 Km (= 26 fM)

Rd 7: 1 Km, 20 fM, 5 Km (= 26 fM)

Rd 8: 6 fM, 4 × (2 fM zusammenhäkeln), 12 fM (= 22 fM)
Rd 9: 6 fM, 4 Stb, 12 fM (= 22 fM)
Rd 10: 22 fM
Rd 11: 6 fM, 2 × (2 fM zusammenhäkeln), 12 fM (= 20 fM)
Rd 12: 6 fM, 2 Stb, 12 fM (= 20 fM)
Enden Sie mit 1 Km in die 1. fM der Rd und sichern Sie den Faden. Stopfen Sie den Hals aus.

Kopf

Häkeln Sie 2 fM mit Hellbraun oder beginnen Sie mit einem magischen Ring.
Rd 1: Häkeln Sie 6 fM in die 1. Lm oder in den magischen Ring, 1 Km in die 1. fM (= 6 fM)
Rd 2: 2 fM in jede fM (= 12 fM)
Rd 3: 12 fM
Rd 4: 2 fM in jede 2. fM (= 18 fM)
Rd 5: 18 fM
Rd 6: 6 × (1 fM, 2 fM in die folgende fM, 1 fM) (= 24 fM)
Rd 7: 24 fM
Rd 8: 5 DStb in die 1. fM, 23 fM (= 28 fM)
Rd 9: 28 fM
Rd 10: 13 fM, 4 × (2 fM zusammenhäkeln), 7 fM (= 24 fM)
Rd 11 + 12: 24 fM
Rd 13: 2 fM in jede 4. fM (= 30 fM)
Rd 14: 30 fM
Rd 15: 6 × (2 fM, 2 fM in die folgende fM, 2 fM) (= 36 fM)
Rd 16–23: 36 fM
Befestigen Sie die Sicherheitsaugen zwischen Rd 15 und Rd 16 mit einem Abstand von 12 M.
Rd 24: 6 × (2 fM, 2 fM zusammenhäkeln, 2 fM) (= 30 fM)
Rd 25: 30 fM
Rd 26: Häkeln Sie jede 4. und 5. fM zusammen (= 24 fM)
Rd 27: 6 × (1 fM, 2 fM zusammenhäkeln, 1 fM) (= 18 fM) Stopfen Sie den Kopf aus.
Rd 28: Häkeln Sie jede 2. und 3. fM zusammen (= 12 fM)
Rd 29: Häkeln Sie 6 × 2 fM zusammen (= 6 fM)
Sichern Sie den Faden. Fädeln Sie den Faden durch die restlichen 6 M und ziehen Sie ihn fest.
Vernähen Sie den Faden. Sticken Sie mit Dunkelbraun 2 Striche unter die Nase. Nähen Sie den Kopf auf den Hals.

Ohr

Häkeln Sie 6 Lm mit Hellbraun.

Rd 1: 4 fM, 3 fM in die letzte Lm, fahren Sie an der anderen Seite der Lm-Kette fort; 4 fM (= 11 fM)

Sichern Sie den Faden. Häkeln Sie noch ein Ohr und nähen Sie die Ohren an den Kopf auf Höhe von Rd 19.

Rechter Fuß

Häkeln Sie 2 fM mit Hellbraun oder beginnen Sie mit einem magischen Ring.

Rd 1: Häkeln Sie 6 fM in die 1. Lm oder in den magischen Ring (= 6 fM)

Rd 2: 2 fM in jede fM (= 12 fM)

Rd 3: 3 × (2 fM in die folgende fM), 3 fM, 3 × (2 fM in die folgende fM), 3 fM (= 18 fM)

Rd 4: 3 × (1 fM, 2 fM in die folgende fM), 3 fM, 3 × (1 fM, 2 fM in die folgende fM), 3 fM (= 24 fM)

Rd 5: 3 × (2 fM, 2 fM in die folgende fM), 3 fM, 3 × (2 fM, 2 fM in die folgende fM), 3 fM (= 30 fM)

Rd 6: 30 fM, aber nur in die hinteren M-Glieder

Rd 7 + 8: 30 fM

Rd 9: 18 fM, 4 × (2 fM zusammenhäkeln), 4 fM (= 26 fM)

Rd 10: 18 fM, 2 × (2 zusammenhäkeln), 4 fM (= 24 fM)

Rd 11: 6 × (1 fM, 2 fM zusammenhäkeln, 1fM) (= 18 fM)

Rd 12: Häkeln Sie jede 2. und 3. fM zusammen (= 12 fM)

Stopfen Sie den Fuß aus.

Rd 13–20: 12 fM

Rd 21: 2 fM in jede fM (= 24 fM)

Rd 22–24: 24 fM

Rd 25: 14 fM, lassen Sie die restlichen M unbearbeitet

R 26: 1 Lm, Arbeit wenden, 2 fM zusammenhäkeln, 10 fM, 2 fM zusammenhäkeln (= 12 fM)

R 27: 1 Lm, Arbeit wenden, 2 fM zusammenhäkeln, 8 fM, 2 fM zusammenhäkeln (= 10 fM)

R 28: 1 Lm, Arbeit wenden, 2 fM zusammenhäkeln, 6 fM, 2 fM zusammenhäkeln (= 8 fM)

R 29: 1 Lm, Arbeit wenden, 2 fM zusammenhäkeln, 4 fM, 2 fM zusammenhäkeln (= 6 fM)

Sichern Sie den Faden. Stopfen Sie den Fuß weiter aus. Häkeln Sie noch einen rechten Fuß.

Linker Fuß

Häkeln Sie diesen wie den rechten Fuß bis Rd 24.

R 25: 2 fM, lassen Sie die restlichen M unbearbeitet

R 26: 1 Lm, Arbeit wenden, 2 fM zusammenhäkeln, 10 fM, 2 fM zusammenhäkeln (= 12 fM)

R 27: 1 Lm, Arbeit wenden, 2 fM zusammenhäkeln, 8 fM, 2 fM zusammenhäkeln (= 10 fM)

R 28: 1 Lm, Arbeit wenden, 2 fM zusammenhäkeln, 6 fM, 2 fM zusammenhäkeln (= 8 fM)

R 29: 1 Lm, Arbeit wenden, 2 fM zusammenhäkeln, 4 fM, 2 fM zusammenhäkeln (= 6 fM)

Sichern Sie den Faden. Stopfen Sie den Fuß aus.

Häkeln Sie noch einen linken Fuß.

Nähen Sie die vier Füße unten am Körper fest.

Schwanz

Häkeln Sie 7 Lm mit Hellbraun.

R 1: 6 fM

Sichern Sie den Faden. Knoten Sie zwei Fäden an das Ende des Schwanzes. Stutzen Sie diese auf ca. 1,5 cm zurecht und fransen Sie sie aus. Nähen Sie den Schwanz an die Rückseite des Körpers auf Höhe von Rd 16.

Decke

Die Decke wird in Hin- und Rückreihen gehäkelt. Häkeln Sie nach jeder R eine Wende-Lm und wenden Sie die Arbeit.

Häkeln Sie 19 Lm mit Rot.

R 1–9: 18 fM

Häkeln Sie anschließend wie folgt eine Runde fM an der Decke entlang:

8 fM entlang der Seite, 3 fM in die 1. Lm an der Oberseite, 16 fM entlang der Unterseite, 3 fM in die letzte Lm an der Unterseite, 8 fM entlang der Seite, 3 fM in die 1. fM an der Oberseite, 16 fM entlang der Oberseite, 3 fM in die letzte fM an der Oberseite (= 60 fM). Häkeln Sie mit Gelb weiter.

Häkeln Sie an der gesamten Decke entlang eine Runde Km. Enden Sie mit einer Km in die 1. Km und sichern Sie den Faden. Vernähen Sie die Fäden.

Quasten

Schneiden Sie 5 gelbe Fäden von ca. 5 cm Länge ab. Binden Sie diese in der Mitte mit einem langen gelben Faden zusammen. Legen Sie die Fäden doppelt und umwickeln Sie das obere „Köpfchen" (ca. 0,5 cm von oben) des Bündels mit einem Faden und machen Sie einen festen Knoten. Stutzen Sie das Ende des Fadens auf dieselbe Länge wie die anderen Fäden. Machen Sie noch 3 Quasten und nähen Sie diese an den Ecken der Decke fest. Nähen Sie die Decke auf den Rücken des Kamels.

Halfter

Häkeln Sie 35 Lm mit Rot und häkeln Sie diese mit einer Km zu einem Ring. Sichern Sie den Faden und schieben Sie den Ring um den Kopf des Kamels zwischen Augen und Nase. Befestigen Sie die Lm-Kette an ein paar Stellen und vernähen Sie den Faden. Zählen Sie an der Unterseite des Kopfes 4 Maschen nach rechts ab, stechen Sie in die 5. Lm und häkeln Sie eine Kette aus 40 Lm. Führen Sie die Kette über den Kopf. Häkeln Sie anschließend eine Km in die 5. Lm links von der Mitte. Sichern Sie den Faden. Schieben Sie die Lm-Kette bis knapp unter die Ohren und befestigen Sie sie an einigen Stellen. Vernähen Sie die Fäden. Häkeln Sie mit Rot eine Kette aus 50 Lm und befestigen Sie diese an den Eckpunkten des Halfters. Machen Sie mit Gelb zwei Quasten und nähen Sie diese an den beiden Eckpunkten fest.

Liegendes Kamel

Was wird benötigt?
- ca. 75 g in Ocker (Fb 809)
- ca. 10 g in Blau (Fb 824)
- Rest in Orange (Fb 816)
- 2 Sicherheitsaugen in Schwarz, 9 mm
- Füllwatte
- Häkelnadel 3 mm
- Stopfnadel

Häkeln Sie Kopf, Körper, Ohren und Schwanz wie beim stehenden Kamel, aber verwenden Sie Ocker statt Braun.

Füße

Häkeln Sie diese wie beim stehenden Kamel bis Rd 24, aber verwenden Sie Ocker statt Braun.
Stopfen Sie den Fuß bis Rd 20.
Rd 25: 24 fM
Rd 26: 6 × (1 fM, 2 fM zusammenhäkeln, 1 fM) (= 18 fM)
Rd 27: 18 fM
Rd 28: Häkeln Sie jede 2. und 3. fM zusammen (= 12 fM)
Rd 29: Häkeln Sie 6 × je 2 fM zusammen (= 6 fM)

Sichern Sie den Faden. Fädeln Sie den Faden durch die restlichen 6 M und ziehen Sie ihn fest. Häkeln Sie noch 3 Füße und nähen Sie die Füße seitlich am Körper fest.

Häkeln Sie die Decke und das Halfter wie beim stehenden Kamel, aber verwenden Sie Blau statt Rot und Orange statt Gelb. Lassen Sie die Quasten weg.

Palme

Was wird benötigt?

- ca. 50 g in Braun (Fb 822)
- ca. 50 g in Hellgrün (Fb 806)
- Rest in Dunkelbraun (Fb 829)
- Stück Pappe
- 2 Holzspieße
- Füllwatte
- Häkelnadel 3 mm
- Stopfnadel

Stamm

Beginnen Sie unten am Stamm. Häkeln Sie 2 Lm mit Braun oder beginnen Sie mit einem magischen Ring.

Rd 1: Häkeln Sie 6 fM in die 1. Lm oder in den magischen Ring, 1 Km in die 1. fM (= 6 fM)

Rd 2: 2 fM in jede fM (= 12 fM)

Rd 3: 2 fM in jede 2. fM (= 18 fM)

Rd 4: 6 × (1 fM, 2 fM in die folgende fM, 1 fM) (= 24 fM)

Rd 5: 2 fM in jede 4. fM (= 30 fM)

Rd 6: 6 × (2 fM, 2 fM in die folgende fM, 2 fM) (= 36 fM)

Rd 7: 2 fM in jede 6. fM (= 42 fM)

Rd 8: 6 × (3 fM, 2 fM in die folgende fM, 3 fM) (= 48 fM)

Ziehen Sie den Umriss des gehäkelten Kreises auf einem Stück Pappe nach und schneiden Sie ihn aus.

Rd 9: 48 fM, aber nur in die hinteren M-Glieder

Rd 10–14: 48 fM

Rd 15: 6 × (2 fM, 2 fM zusammenhäkeln), 24 fM (= 42 fM)

Rd 16 + 17: 42 fM

Rd 18: 6 × (1 fM, 2 fM zusammenhäkeln)
6 × (2 fM, 2 fM in die folgende fM, 1 fM) (= 42 fM)

Rd 19 + 20: 42 fM

Legen Sie den Karton auf den Boden. Stopfen Sie den unteren Teil des Stamms aus.

Rd 21: 6 × (2 fM zusammenhäkeln), 30 fM (= 36 fM)

Rd 22 + 23: 36 fM

Rd 24: Häkeln Sie jede 5. und 6. fM zusammen (= 30 fM)

Rd 25–28: 30 fM

Rd 29: Häkeln Sie jede 4. und 5. fM zusammen (= 24 fM)

Rd 30–39: 24 fM

Stopfen Sie den Stamm weiter aus.

Rd 40: 6 × (1 fM, 2 fM in die folgende fM)
6 × (2 fM zusammenhäkeln) (= 24 fM)

Rd 41–43: 24 fM

Rd 44: 2 × (2 fM zusammenhäkeln), 12 fM,
4 × (2 fM zusammenhäkeln) (= 18 fM)

Rd 45–50: 18 fM

Rd 51: 3 × (2 fM zusammenhäkeln), 6 × (2 fM in die folgende fM), 3 × (2 fM zusammenhäkeln) (= 18 fM)

Rd 52–61: 18 fM

Rd 62: 4 × (2 fM zusammenhäkeln), 6 fM,
2 × (2 fM zusammenhäkeln) (= 12 fM)

Rd 63–65: 12 fM

Stopfen Sie den oberen Teil des Stamms aus.

Rd 66: 6 × (2 fM zusammenhäkeln) (= 6 fM)

Enden Sie mit 1 Km in die 1. fM der Rd und sichern Sie den Faden.

Sticken Sie mit Dunkelbraun Querstreifen über den Stamm mit je 5 Rd Abstand.

Blätter

Häkeln Sie mit Hellgrün eine Kette aus 31 Lm.

Rd 1: 6 fM, 6 hStb, 6 Stb, 11 DStb, 6 hStb in die letzte Lm, fahren Sie an der anderen Seite der Lm-Kette fort; 11 DStb, 6 Stb, 6 hStb, 6 fM (= 64 M)

Sichern Sie den Faden. Häkeln Sie noch einmal dasselbe Teil, aber schneiden Sie den Faden nicht ab. Legen Sie beide Teile aufeinander und häkeln Sie sie wie auf dem Foto zusammen.

Rd 1: 30 fM, 2 fM in die folgende fM, 2 fM, 2 fM in die folgende fM, 30 fM (= 66 fM)

Rd 2: 2 fM, 4 Lm, häkeln Sie entlang dieser Lm mit 3 fM zurück, 2 fM, 5 Lm, häkeln Sie entlang dieser Lm mit 4 fM zurück, 12 × (2 fM, 6 Lm, zurück mit 5 fM), 10 fM, 12 × (2 fM, 6 Lm, zurück mit 5 fM), 2 fM, 5 Lm, zurück mit 4 fM, 2 fM, 4 Lm, zurück mit 3 fM, 1 fM, 1 Km (siehe Foto)

Sichern Sie den Faden. Häkeln Sie noch 3 Blätter und nähen Sie die Blätter an den Stamm. Stecken Sie zur Verstärkung 4 Holzspießstückchen von ca. 3 cm Länge oben in die Blätter.